Édition bilingue audio
ANGLAIS-FRANÇAIS

*Pour écouter la lecture de ce livre
dans sa version anglaise ou dans sa traduction française
scannez le code en début de chapitre
avec votre téléphone portable, tablette
ou encore votre webcam depuis le site* HTTPS://WEBQR.COM

Nouvelle
Littérature britannique

Titre original :
Lizzie Leigh

Traduction française :
Pauline de Witt

Lecture en anglais :
Phil Benson

Lecture en français :
Florent

ISBN : 978-2-37808-043-3
© L'Accolade Éditions, 2018

ELIZABETH GASKELL

LISETTE
LEIGH

Chapter 1

WHEN DEATH is present in a household on a Christmas Day, the very contrast between the time as it now is, and the day as it has often been, gives a poignancy to sorrow—a more utter blankness to the desolation. James Leigh died just as the far-away bells of Rochdale Church were ringing for morning service on Christmas Day, 1836. A few minutes before his death, he opened his already glazing eyes, and made a sign to his wife, by the faint motion of his lips, that he had yet something to say. She stooped close down, and caught the broken whisper, "I forgive her, Annie! May God forgive me!"

"Oh, my love, my dear! only get well, and I will never cease showing my thanks for those words. May God in heaven bless thee for saying them. Thou'rt not so restless, my lad! may be—Oh, God!"

For even while she spoke he died.

Chapitre 1

Quand la mort entre dans une maison le jour de Noël, le contraste de ce qui est avec ce qui a été donne au chagrin une amertume nouvelle et ajoute à la désolation le sentiment d'un isolement plus complet. Jacques Leigh mourut au moment même où les cloches lointaines de l'église de Rochdale appelaient les fidèles au service du matin, le jour de Noël 1836. Quelques minutes avant sa mort, il ouvrit des yeux déjà voilés, et, par un mouvement presque imperceptible des lèvres, fit signe à sa femme qu'il avait quelque chose à dire. Elle se pencha vers lui et recueillit ces paroles entrecoupées : « Je lui pardonne, Anne ; que Dieu me pardonne ! »

— Oh ! mon trésor, mon bien-aimé, guéris-toi seulement et je te remercierai tous les jours de ce que tu viens de dire ! Que Dieu te bénisse du ciel pour ce que tu as dit ! Tu n'es pas si agité, peut-être que… oh ! mon Dieu !

Il était mort pendant qu'elle parlait.

They had been two-and-twenty years man and wife; for nineteen of those years their life had been as calm and happy as the most perfect uprightness on the one side, and the most complete confidence and loving submission on the other, could make it. Milton's famous line might have been framed and hung up as the rule of their married life, for he was truly the interpreter, who stood between God and her; she would have considered herself wicked if she had ever dared even to think him austere, though as certainly as he was an upright man, so surely was he hard, stern, and inflexible. But for three years the moan and the murmur had never been out of her heart; she had rebelled against her husband as against a tyrant, with a hidden, sullen rebellion, which tore up the old landmarks of wifely duty and affection, and poisoned the fountains whence gentlest love and reverence had once been for ever springing.

But those last blessed words replaced him on his throne in her heart, and called out penitent anguish for all the bitter estrangement of later years. It was this which made her refuse all the entreaties of her sons, that she would see the kind-hearted neighbours, who called on their way from church, to sympathize and condole. No! she would stay with the dead husband that had spoken tenderly at last, if for three years he had kept silence; who knew but what, if she had only been more gentle and less angrily reserved he might have relented earlier—and in time?

Depuis vingt-deux ans, ils étaient mari et femme ; pendant dix-neuf ans leur vie avait été aussi calme et heureuse que pouvaient la rendre une droiture parfaite d'un côté, et une confiance et une soumission complète de l'autre. On aurait pu encadrer et suspendre chez eux la fameuse règle de Milton pour la vie conjugale ; il était vraiment l'interprète entre Dieu et elle ; et elle aurait eu honte d'elle-même si elle avait seulement osé se dire qu'il était sévère ; cependant, autant il était honnête et droit, autant il était dur, austère, inflexible. Mais depuis trois ans le murmure n'était jamais sorti du cœur de la femme ; elle s'était révoltée contre son mari comme un tyran, et sa révolte cachée, morne, avait fait disparaître toute trace d'affection et de soumission conjugales, empoisonnant les sources d'où découlaient naguère une tendresse et un respect inépuisables.

Les dernières paroles de Jacques Leigh l'avaient replacé sur son trône dans le cœur de sa femme, et éveillé une amère repentance pour toute la froideur des années passées. C'est ce sentiment qui lui fit refuser toutes les instances de ses fils, qui l'engageaient à voir les bons voisins qui s'arrêtaient en se rendant à l'église pour lui offrir leur sympathie et leurs consolations. Elle voulait rester avec ce mari mort qui lui avait parlé si tendrement à la fin, après avoir gardé le silence pendant trois ans ; qui sait ? si elle avait été plus douce, moins irritée, moins réservée, peut-être aurait-il cédé plus tôt... et à temps !

She sat rocking herself to and fro by the side of the bed, while the footsteps below went in and out; she had been in sorrow too long to have any violent burst of deep grief now; the furrows were well worn in her cheeks, and the tears flowed quietly, if incessantly, all the day long. But when the winter's night drew on, and the neighbours had gone away to their homes, she stole to the window, and gazed out, long and wistfully, over the dark grey moors. She did not hear her son's voice, as he spoke to her from the door, nor his footstep as he drew nearer. She started when he touched her.

"Mother! come down to us. There's no one but Will and me. Dearest mother, we do so want you."

The poor lad's voice trembled, and he began to cry. It appeared to require an effort on Mrs. Leigh's part to tear herself away from the window, but with a sigh she complied with his request.

The two boys (for though Will was nearly twenty-one, she still thought of him as a lad) had done everything in their power to make the house-place comfortable for her. She herself, in the old days before her sorrow, had never made a brighter fire or a cleaner hearth, ready for her husband's return home, than now awaited her. The tea-things were all put out, and the kettle was boiling; and the boys had calmed their grief down into a kind of sober cheerfulness. They paid her every attention they could think of,

Elle se balançait sur sa chaise au pied du lit, entendant à peine les pas qui entraient et sortaient dans la chambre au-dessous ; elle souffrait depuis trop longtemps pour laisser violemment éclater sa douleur ; les traces des pleurs étaient creusées sur ses joues, et les larmes coulèrent incessamment tout le jour. Mais lorsque la longue nuit d'hiver vint à tomber, lorsque les voisins furent tous rentrés chez eux, elle s'approcha doucement de la fenêtre et regarda longtemps d'un air inquiet les vastes bruyères plongées dans les ténèbres. Elle n'entendit pas la voix de son fils qui lui parlait derrière la porte, elle ne s'aperçut pas qu'il entrait et elle tressaillit lorsqu'il la toucha.

— Mère, descends. Nous sommes seuls, Guillaume et moi ; mère chérie, nous avons besoin de toi.

La voix du pauvre garçon tremblait et il se mit à pleurer. Ce fut évidemment avec effort que madame Leigh s'arracha de la fenêtre, mais elle obéit en soupirant à la prière de son fils.

Les deux jeunes gens (Guillaume avait tout près de vingt et un ans, mais sa mère le regardait encore comme un enfant), avaient fait tout ce qui était en leur pouvoir pour rendre la cuisine séduisante aux yeux de leur mère. Jamais, dans le temps passé, avant ses chagrins, elle n'avait préparé un feu plus clair ou un foyer plus propre pour le retour de son mari. Les tasses étaient sur la table, la bouilloire était sur le feu, et la douleur des deux jeunes gens s'était changée en une sorte de sérénité grave. Ils entouraient leur mère de toutes les petites attentions qu'ils pouvaient imaginer,

but received little notice on her part; she did not resist, she rather submitted to all their arrangements; but they did not seem to touch her heart.

When tea was ended — it was merely the form of tea that had been gone through — Will moved the things away to the dresser. His mother leant back languidly in her chair.

"Mother, shall Tom read you a chapter? He's a better scholar than I."

"Ay, lad!" said she, almost eagerly. "That's it. Read me the Prodigal Son. Ay, ay, lad. Thank thee."

Tom found the chapter, and read it in the high-pitched voice which is customary in village schools. His mother bent forward, her lips parted, her eyes dilated; her whole body instinct with eager attention. Will sat with his head depressed and hung down. He knew why that chapter had been chosen; and to him it recalled the family's disgrace. When the reading was ended, he still hung down his head in gloomy silence. But her face was brighter than it had been before for the day. Her eyes looked dreamy, as if she saw a vision; and by-and-by she pulled the Bible towards her, and, putting her finger underneath each word, began to read them aloud in a low voice to herself; she read again the words of bitter sorrow and deep humiliation; but most of all, she paused and brightened over the father's tender reception of the repentant prodigal.

mais elle ne paraissait pas y faire grande attention ; elle ne résistait pas, elle se soumettait à tous leurs arrangements, mais rien ne semblait lui aller au cœur.

Quand le thé fut fini, ce qui n'avait été qu'une simple forme, Guillaume débarrassa la table et sa mère se laissa retomber languissamment sur sa chaise.

— Mère, veux-tu que Thomas lise un chapitre ? Il lit mieux que moi, tu sais ?

— Oui, mon garçon, dit-elle presque vivement. Lis-moi. Lis-moi l'*Enfant prodigue*. Oui, oui, mon garçon. Merci.

Thomas chercha le chapitre, et lut de cet accent aigu et monotone habituel aux écoles de village. Sa mère se pencha en avant, les lèvres entr'ouvertes, les yeux dilatés, tout son corps tendu par une attention fébrile. Guillaume restait là, la tête baissée, les yeux fixés sur la terre. Il savait pourquoi ce chapitre avait été choisi, et le souvenir du déshonneur de la famille lui était amer. Lorsque la lecture fut finie, il resta immobile dans un sombre silence. Mais le visage de sa mère était moins triste que tout le reste. Son regard était vague, comme si elle entrevoyait une vision, et elle finit par attirer la Bible à elle, suivant du doigt chaque ligne et lisant à voix basse ; elle relut les paroles de douleur et d'humiliation, mais elle s'arrêta, surtout, sur le tendre accueil fait par le père à l'enfant prodigue repentant.

So passed the Christmas evening in the Upclose Farm.

The snow had fallen heavily over the dark waving moorland before the day of the funeral. The black storm-laden dome of heaven lay very still and close upon the white earth, as they carried the body forth out of the house which had known his presence so long as its ruling power. Two and two the mourners followed, making a black procession, in their winding march over the unbeaten snow, to Milne Row Church; now lost in some hollow of the bleak moors, now slowly climbing the heaving ascents. There was no long tarrying after the funeral, for many of the neighbours who accompanied the body to the grave had far to go, and the great white flakes which came slowly down were the boding forerunners of a heavy storm. One old friend alone accompanied the widow and her sons to their home.

The Upclose Farm had belonged for generations to the Leighs; and yet its possession hardly raised them above the rank of labourers. There was the house and out-buildings, all of an old-fashioned kind, and about seven acres of barren unproductive land, which they had never possessed capital enough to improve; indeed, they could hardly rely upon it for subsistence; and it had been customary to bring up the sons to some trade, such as a wheelwright's or blacksmith's.

Ainsi passa la soirée de Noël à la ferme d'Upclose.

La neige était tombée en abondance sur les sombres bruyères avant le jour de l'enterrement. Le dôme noir et orageux du ciel pesait sur la terre blanchie, au moment où le corps partit de la maison qui l'avait reconnu si longtemps pour son autorité suprême. La procession funèbre marchait lentement à travers la neige, se dirigeant sur l'église de Milnerow. Tantôt elle disparaissait dans un pli de terrain, tantôt elle gravissait péniblement les côtes. Après la cérémonie, on ne s'attarda pas auprès du tombeau ; la plupart des voisins qui avaient suivi le corps avaient un long trajet à faire pour retourner chez eux, et les larges flocons de neige qui commençaient à tomber lentement annonçaient une forte tourmente. Un vieil ami ramena seul la veuve et ses deux fils jusqu'à leur demeure.

La ferme d'Upclose appartenait aux Leigh depuis de longues générations, mais ce petit bien les élevait à peine au-dessus de la classe des journaliers. La maison et ses dépendances étaient à l'ancienne mode ; trois hectares de mauvaises terres les entouraient, mais on n'avait jamais eu assez d'argent pour les améliorer ; les Leigh ne pouvaient y compter pour leur subsistance et ils avaient toujours eu l'habitude de faire apprendre un métier à leurs fils, celui de charron ou de forgeron, par exemple.

James Leigh had left a will in the possession of the old man who accompanied them home. He read it aloud. James had bequeathed the farm to his faithful wife, Anne Leigh, for her lifetime, and afterwards to his son William. The hundred and odd pounds in the savings bank was to accumulate for Thomas.

After the reading was ended, Anne Leigh sat silent for a time and then she asked to speak to Samuel Orme alone. The sons went into the back kitchen, and thence strolled out into the fields regardless of the driving snow. The brothers were dearly fond of each other, although they were very different in character. Will, the elder, was like his father, stern, reserved, and scrupulously upright. Tom (who was ten years younger) was gentle and delicate as a girl, both in appearance and character. He had always clung to his mother and dreaded his father. They did not speak as they walked, for they were only in the habit of talking about facts, and hardly knew the more sophisticated language applied to the description of feelings.

Meanwhile their mother had taken hold of Samuel Orme's arm with her trembling hand.

"Samuel, I must let the farm — I must."

"Let the farm! What's come o'er the woman?"

"Oh, Samuel!" said she, her eyes swimming in tears, "I'm just fain to go and live in Manchester. I mun let the farm."

Jacques Leigh avait laissé son testament entre les mains du vieillard qui accompagnait sa femme et ses fils au retour de l'enterrement. Il le lut tout haut. Jacques avait laissé la ferme à sa fidèle épouse, Anne Leigh, sa vie durant, et après elle à son fils Guillaume. Les deux mille et quelques cents francs déposés à la caisse d'épargne devaient s'accumuler au bénéfice de Thomas.

Lorsque la lecture fut finie, Anne Leigh garda un instant le silence, puis elle voulut parler seule à Samuel Orme. Ses fils passèrent dans l'arrière-cuisine et de là dans les champs, sans prendre garde aux tourbillons de neige. Les deux frères s'aimaient tendrement, bien que leur caractère différât profondément. Guillaume, l'aîné, ressemblait à son père : il était austère, réservé et d'une droiture scrupuleuse. Thomas, qui avait dix ans de moins, était doux et délicat comme une fille, d'apparence comme de caractère. Il s'était toujours attaché à sa mère et redoutait son père. Ils marchaient sans parler, car ils n'avaient coutume de s'entretenir que des faits et ne connaissaient guère les expressions plus compliquées qui dépeignent les sentiments.

Cependant leur mère avait saisi d'une main tremblante le bras de Samuel Orme.

— Samuel, je louerai la ferme, il faut la louer.

— Louer la ferme ! où a-t-elle donc la tête ?

— Oh ! Samuel, dit-elle, les yeux baignés de larmes, il faut que j'aille vivre à Manchester, il faut que je loue la ferme.

Samuel looked, and pondered, but did not speak for some time. At last he said—

"If thou hast made up thy mind, there's no speaking again it; and thou must e'en go. Thou'lt be sadly pottered wi' Manchester ways; but that's not my look out. Why, thou'lt have to buy potatoes, a thing thou hast never done afore in all thy born life. Well! it's not my look out. It's rather for me than again me. Our Jenny is going to be married to Tom Higginbotham, and he was speaking of wanting a bit of land to begin upon. His father will be dying sometime, I reckon, and then he'll step into the Croft Farm. But meanwhile—"

"Then, thou'lt let the farm," said she, still as eagerly as ever.

"Ay, ay, he'll take it fast enough, I've a notion. But I'll not drive a bargain with thee just now; it would not be right; we'll wait a bit."

"No; I cannot wait; settle it out at once."

"Well, well; I'll speak to Will about it. I see him out yonder. I'll step to him and talk it over."

Accordingly he went and joined the two lads, and, without more ado, began the subject to them.

"Will, thy mother is fain to go live in Manchester, and covets to let the farm. Now, I'm willing to take it for Tom Higginbotham; but I like to drive a keen bargain,

Samuel la regarda, réfléchit, mais garda le silence un instant. Enfin, il dit :

— Si ton parti est pris, il n'y a rien à dire, et il faut te laisser aller. Tu vas être bien empêtrée à Manchester, mais ça te regarde. Pense ! Tu vas avoir à acheter des pommes de terre, une chose qui ne t'est jamais arrivée de ta vie. Enfin, ça ne me regarde pas. Ça me convient même assez. Notre Jeannette va épouser Thomas Higginbotham et il parlait de chercher un bout de terre pour commencer. Son père mourra une fois, c'est à supposer, et alors il prendra la ferme Croft. Mais en attendant…

— Alors, tu loueras la ferme, reprit-elle avidement.

— Oui, oui, il ne demandera pas mieux, je me figure. Mais je ne veux pas faire marché avec toi aujourd'hui, ça ne serait pas juste, il faut attendre un peu.

— Non, non, je ne peux pas attendre. Arrangeons cela tout de suite.

— Eh bien ! je vais en parler à Guillaume. Je le vois là-bas et je vais aller lui en causer.

Il sortit donc pour aller retrouver les jeunes gens et entama la conversation sans autre circonlocution.

— Guillaume, ta mère veut aller vivre à Manchester, et elle parle de louer la ferme. Je ne demande pas mieux que de la prendre pour Thomas Higginbotham, mais j'aime à discuter mes marchés,

and there would be no fun chaffering with thy mother just now. Let thee and me buckle to, my lad! and try and cheat each other; it will warm us this cold day."

"Let the farm!" said both the lads at once, with infinite surprise. "Go live in Manchester!"

When Samuel Orme found that the plan had never before been named to either Will or Tom, he would have nothing to do with it, he said, until they had spoken to their mother. Likely she was "dazed" by her husband's death; he would wait a day or two, and not name it to any one; not to Tom Higginbotham himself, or may be he would set his heart upon it. The lads had better go in and talk it over with their mother. He bade them good-day, and left them.

Will looked very gloomy, but he did not speak till they got near the house. Then he said —

"Tom, go to th' shippon, and supper the cows. I want to speak to mother alone."

When he entered the house-place, she was sitting before the fire, looking into its embers. She did not hear him come in: for some time she had lost her quick perception of outward things.

"Mother! what's this about going to Manchester?" asked he.

et il n'y aurait pas de plaisir aujourd'hui à se débattre avec ta mère. Mettons-nous-y à nous deux, mon garçon, tâchons de nous attraper l'un l'autre, cela nous réchauffera par ce temps froid.

— Louer la ferme ! s'écrièrent à la fois les deux jeunes gens, infiniment surpris. Aller vivre à Manchester !

Lorsque Samuel Orme s'aperçut que ni Guillaume ni Thomas n'avaient encore ouï parler du projet, il ne voulut plus s'en mêler, dit-il, jusqu'à ce qu'ils eussent causé avec leur mère ; elle avait probablement la tête perdue à cause de la mort de son mari ; il fallait attendre un jour ou deux et n'en parler à personne ; il n'en dirait même rien à Thomas Higginbotham, de peur qu'il ne s'attachât à cette idée. Il valait mieux que les jeunes gens allassent causer avec leur mère. Il leur dit adieu et les quitta.

Guillaume avait l'air sombre ; mais il n'ouvrit pas la bouche jusqu'à ce qu'ils fussent auprès de la maison. Alors il dit :

— Thomas, va à l'étable et donne à manger aux vaches. J'ai besoin de parler tout seul à notre mère.

Lorsqu'il entra dans la cuisine, sa mère était assise auprès du feu, contemplant les tisons. Elle ne l'entendit pas venir ; depuis quelque temps, elle avait perdu toute rapidité de perception pour les choses extérieures.

— Mère, demanda-t-il, qu'est-ce que c'est que ce projet d'aller à Manchester ?

"Oh, lad!" said she, turning round, and speaking in a beseeching tone, "I must go and seek our Lizzie. I cannot rest here for thinking on her. Many's the time I've left thy father sleeping in bed, and stole to th' window, and looked and looked my heart out towards Manchester, till I thought I must just set out and tramp over moor and moss straight away till I got there, and then lift up every downcast face till I came to our Lizzie. And often, when the south wind was blowing soft among the hollows, I've fancied (it could but be fancy, thou knowest) I heard her crying upon me; and I've thought the voice came closer and closer, till at last it was sobbing out, 'Mother!' close to the door; and I've stolen down, and undone the latch before now, and looked out into the still, black night, thinking to see her—and turned sick and sorrowful when I heard no living sound but the sough of the wind dying away. Oh, speak not to me of stopping here, when she may be perishing for hunger, like the poor lad in the parable."

And now she lifted up her voice, and wept aloud.

Will was deeply grieved. He had been old enough to be told the family shame when, more than two years before, his father had had his letter to his daughter returned by her mistress in Manchester, telling him that Lizzie had left her service some time—and why. He had sympathized with his father's stern anger; though he had thought him something hard, it is true,

— Oh ! mon garçon, dit-elle d'une voix suppliante en se retournant vers lui, il faut que j'aille chercher ma Lisette. Je ne puis rester ici en repos, je pense trop à elle. Bien des fois, j'ai laissé ton père dans son lit, dormant tranquillement, pour aller à la fenêtre et regarder de toutes mes forces du côté de Manchester ; il me semblait quelquefois que j'allais partir et marcher à travers les bruyères jusqu'à la ville ; et puis que je relèverais toutes les têtes baissées, jusqu'à ce que j'aie trouvé notre Lisette. Souvent, souvent, quand le vent soufflait doucement dans le creux de la bruyère, je me suis figuré (c'était seulement une idée, tu sais bien), que je l'entendais m'appeler, et que la voix se rapprochait, se rapprochait ; je finissais par croire que je l'entendais sangloter à la porte et murmurer : « Ma mère ! » je suis descendue bien des fois tout doucement, j'ai ouvert la porte et j'ai regardé dans les ténèbres, croyant l'apercevoir ; et puis je suis rentrée désolée en n'entendant rien que le souffle du vent. Oh ! ne me parle pas de rester ici pendant qu'elle meurt peut-être de faim comme le pauvre enfant de la parabole.

Et élevant sa voix, elle pleura.

Guillaume était profondément attristé. Deux ans auparavant, il était assez âgé pour qu'on lui racontât la honte de la famille, lorsque son père avait vu revenir une lettre qu'il avait écrite à sa fille, à Manchester, et que sa maîtresse renvoyait en disant que Lisette avait quitté son service ; et pourquoi. Il avait partagé l'austère indignation de son père, tout en le trouvant cependant un peu sévère,

when he had forbidden his weeping, heart-broken wife to go and try to find her poor sinning child, and declared that henceforth they would have no daughter; that she should be as one dead, and her name never more be named at market or at meal time, in blessing or in prayer.

He had held his peace, with compressed lips and contracted brow, when the neighbours had noticed to him how poor Lizzie's death had aged both his father and his mother; and how they thought the bereaved couple would never hold up their heads again. He himself had felt as if that one event had made him old before his time; and had envied Tom the tears he had shed over poor, pretty, innocent, dead Lizzie. He thought about her sometimes, till he ground his teeth together, and could have struck her down in her shame. His mother had never named her to him until now.

"Mother!" said he, at last. "She may be dead. Most likely she is"

"No, Will; she is not dead," said Mrs. Leigh. "God will not let her die till I've seen her once again. Thou dost not know how I've prayed and prayed just once again to see her sweet face, and tell her I've forgiven her, though she's broken my heart—she has, Will." She could not go on for a minute or two for the choking sobs. "Thou dost not know that, or thou wouldst not say she could be dead—for God is very merciful, Will; He is: He is much more pitiful than man.

lorsqu'il avait défendu à sa pauvre femme désolée d'aller chercher sa malheureuse enfant, et lorsqu'il avait déclaré qu'elle n'avait plus de fille, qu'elle était morte pour eux désormais, et que son nom ne devait plus être prononcé, ni aux marchés, ni aux repas, ni pour la bénédiction, ni pour la prière.

Guillaume avait gardé le silence, les lèvres serrées et les sourcils froncés, lorsque les voisins lui avaient répété combien la mort de la pauvre Lisette avait vieilli son père et sa mère, en disant qu'ils ne se relèveraient pas de ce coup-là. Il sentait lui-même que cet événement l'avait rendu vieux avant son temps, et il avait envié à Thomas les larmes qu'il versait sur sa pauvre Lisette, sa gentille, sa bonne petite Lisette. Il pensait quelquefois à elle et finissait par grincer des dents ; il eût voulu la faire disparaître avec son infamie. Sa mère ne lui avait jamais parlé d'elle jusqu'à aujourd'hui.

— Elle est peut-être morte, mère, dit-il enfin. Bien probablement elle est morte.

— Non, Guillaume, elle n'est pas morte, dit madame Leigh. Dieu ne la laissera pas mourir que je ne l'aie revue. Tu ne sais pas comme j'ai prié, comme je prie pour obtenir de revoir encore une fois ce cher visage, pour lui dire que je lui ai pardonné, bien qu'elle m'ait brisé le cœur ; c'est vrai, Guillaume. (Ses larmes l'étouffaient, et elle fut contrainte de s'arrêter un moment.) Tu ne sais pas ça… ou tu ne dirais pas qu'elle est morte. Dieu est pitoyable, Guillaume, bien plus pitoyable que les hommes ;

I could never ha' spoken to thy father as I did to Him — and yet thy father forgave her at last. The last words he said were that he forgave her. Thou'lt not be harder than thy father, Will? Do not try and hinder me going to seek her, for it's no use."

Will sat very still for a long time before he spoke. At last he said, "I'll not hinder you. I think she's dead, but that's no matter."

"She's not dead," said her mother, with low earnestness.

Will took no notice of the interruption.

"We will all go to Manchester for a twelvemonth, and let the farm to Tom Higginbotham. I'll get blacksmith's work; and Tom can have good schooling for awhile, which he's always craving for. At the end of the year you'll come back, mother, and give over fretting for Lizzie, and think with me that she is dead — and, to my mind, that would be more comfort than to think of her living."

He dropped his voice as he spoke these last words. She shook her head but made no answer. He asked again — "Will you, mother, agree to this?"

je n'aurais jamais pu parler à ton père comme je lui ai parlé à lui, et cependant ton père lui a pardonné à la fin. La dernière chose qu'il ait dite : c'est qu'il lui pardonnait. Tu ne voudrais pas être plus dur que ton père, Guillaume ? n'essaie pas de m'empêcher d'aller la chercher, car cela ne servirait à rien.

Guillaume resta longtemps immobile avant de parler. Enfin il dit :

— On ne vous en empêcherait pas. Je crois qu'elle est morte, mais cela n'y fait rien.

— Elle n'est pas morte, dit sa mère à voix basse.

Mais il ne fit pas attention à l'interruption.

— Nous irons tous à Manchester pour un an, et nous louerons la ferme à Thomas Higginbotham. Je me procurerai de l'ouvrage chez un forgeron, et Thomas pourra aller pendant ce temps-là à une bonne école, comme il en parle depuis si longtemps. À la fin de l'année, vous reviendrez ici, ma mère, vous ne vous tourmenterez plus sur le compte de Lisette et vous penserez comme moi qu'elle est morte, ce qui, à mon idée, serait plus consolant que de la croire vivante.

Il baissa la voix en prononçant ces derniers, mots. Sa mère hocha la tête, mais ne répondit pas. Il reprit :

— Voulez-vous que nous convenions de cela, ma mère ?

"I'll agree to it a-this-ns," said she. "If I hear and see nought of her for a twelvemonth, me being in Manchester looking out, I'll just ha' broken my heart fairly before the year's ended, and then I shall know neither love nor sorrow for her any more, when I'm at rest in my grave. I'll agree to that, Will."

"Well, I suppose it must be so. I shall not tell Tom, mother, why we're flitting to Manchester. Best spare him."

"As thou wilt," said she, sadly, "so that we go, that's all."

Before the wild daffodils were in flower in the sheltered copses round Upclose Farm, the Leighs were settled in their Manchester home; if they could ever grow to consider that place as a home, where there was no garden or outbuilding, no fresh breezy outlet, no far-stretching view, over moor and hollow; no dumb animals to be tended, and, what more than all they missed, no old haunting memories, even though those remembrances told of sorrow, and the dead and gone.

Mrs. Leigh heeded the loss of all these things less than her sons. She had more spirit in her countenance than she had had for months, because now she had hope; of a sad enough kind, to be sure, but still it was hope. She performed all her household duties, strange and complicated as they were, and bewildered as she was with all the town necessities of her new manner of life;

— J'y consens, dit-elle. Si je n'entends par parler d'elle perdant un an, moi étant à Manchester à la chercher, j'aurai le cœur complètement brisé avant la fin de l'année ; et alors je ne connaîtrai plus pour elle ni amour ni chagrin, car je serai dans le tombeau ; j'y consens, Guillaume.

— Eh bien ! puisque vous le voulez, qu'il en soit ainsi. Je ne dirai pas à Thomas pourquoi nous allons à Manchester, ma mère, mieux vaut l'épargner.

— Comme tu voudras, dit-elle lentement, pourvu que nous y allions, cela me suffit.

Avant que les jonquilles sauvages fussent en fleur dans les taillis ombragés autour de la ferme d'Upclose, les Leigh étaient installés à Manchester, sans jardin, sans dépendances, sans brise fraîche et pure, sans vue sur la bruyère et les collines, sans animaux à soigner et surtout sans ces souvenirs anciens et chéris qui leur manquaient par-dessus tout, bien que ces souvenirs parlassent souvent de leurs douleurs et de ceux qui n'étaient plus.

Madame Leigh souffrait moins que ses fils de ce changement. Sa physionomie était plus animée qu'elle ne l'avait été depuis bien des mois, parce qu'elle avait une espérance, quelque triste qu'elle pût être ; elle s'acquittait de tous ses devoirs domestiques, étranges et compliqués qu'ils étaient devenus pour elle par les nécessités de la vie des villes.

but when her house was "sided," and the boys come home from their work in the evening, she would put on her things and steal out, unnoticed, as she thought, but not without many a heavy sigh from Will, after she had closed the house-door and departed. It was often past midnight before she came back, pale and weary, with almost a guilty look upon her face; but that face so full of disappointment and hope deferred, that Will had never the heart to say what he thought of the folly and hopelessness of the search. Night after night it was renewed, till days grew to weeks, and weeks to months. All this time Will did his duty towards her as well as he could, without having sympathy with her. He stayed at home in the evenings for Tom's sake, and often wished he had Tom's pleasure in reading, for the time hung heavy on his hands as he sat up for his mother.

I need not tell you how the mother spent the weary hours. And yet I will tell you something. She used to wander out, at first as if without a purpose, till she rallied her thoughts, and brought all her energies to bear on the one point; then she went with earnest patience along the least-known ways to some new part of the town, looking wistfully with dumb entreaty into people's faces; sometimes catching a glimpse of a figure which had a kind of momentary likeness to her child's, and following that figure with never-wearying perseverance, till some light from shop or lamp showed the cold strange face

Mais dès que sa maison était en ordre, le soir, elle mettait son chapeau et se glissait dehors, sans qu'on s'en aperçût, pensait-elle ; mais Guillaume soupirait en l'entendant fermer la porte extérieure. Elle rentrait souvent après minuit, pâle et fatiguée, presque de l'air d'une coupable, mais si triste de voir ses espérances déçues, que Guillaume n'avait jamais le cœur de lui dire tout ce qu'il pensait de l'inutilité et de l'absurdité de cette recherche. Tous les soirs, cette scène se répétait ; les jours devenaient des semaines, et les semaines des mois. Pendant ce temps, Guillaume remplissait de son mieux ses devoirs envers sa mère, sans éprouver aucune sympathie pour elle. Il passait toutes ses soirées à sa maison, à cause de Thomas, et il regrettait souvent de ne pas prendre à la lecture le même plaisir que son frère car le temps lui paraissait long en attendant leur mère.

Je n'ai pas besoin de vous dire comment la mère passait ces longues heures. Cependant, il faut vous en dire quelque chose. Dans le commencement, elle errait à droite et à gauche sans but déterminé ; enfin, elle rassembla toutes ses facultés sur cette unique entreprise, et se mit avec une patience infatigable à arpenter les rues les moins fréquentées pour se rendre tous les soirs dans une nouvelle partie de la ville, examinant avec une supplication muette les visages des passants, apercevant parfois une tournure qui lui rappelait un instant sa fille, et alors suivant cette femme avec une persévérance indomptable, jusqu'à ce que la lumière d'une boutique ou d'un réverbère vînt lui montrer un visage froid et inconnu

which was not her daughter's. Once or twice a kind-hearted passer-by, struck by her look of yearning woe, turned back and offered help, or asked her what she wanted. When so spoken to, she answered only, "You don't know a poor girl they call Lizzie Leigh, do you?" and when they denied all knowledge, she shook her head, and went on again. I think they believed her to be crazy. But she never spoke first to any one. She sometimes took a few minutes' rest on the door-steps, and sometimes (very seldom) covered her face and cried; but she could not afford to lose time and chances in this way; while her eyes were blinded with tears, the lost one might pass by unseen.

One evening, in the rich time of shortening autumn-days, Will saw an old man, who, without being absolutely drunk, could not guide himself rightly along the foot-path, and was mocked for his unsteadiness of gait by the idle boys of the neighbourhood. For his father's sake, Will regarded old age with tenderness, even when most degraded and removed from the stern virtues which dignified that father; so he took the old man home, and seemed to believe his often-repeated assertions, that he drank nothing but water. The stranger tried to stiffen himself up into steadiness as he drew nearer home, as if there some one there for whose respect he cared even in his half-intoxicated state, or whose feelings he feared to grieve. His home was exquisitely clean and neat,

qui n'était pas celui de sa fille. Une fois ou deux, un passant charitable, frappé de son air malheureux et suppliant, lui offrit son aide ou demanda ce qu'elle cherchait. Lorsqu'on lui adressait la parole, elle disait seulement : « Connaissez-vous une pauvre fille qui s'appelle Lisette Leigh ? » et lorsqu'on répondait négativement, elle secouait la tête et reprenait sa course. Je suppose qu'on la croyait folle. Mais elle ne parlait jamais la première. Parfois elle se reposait quelques minutes sur les marches d'une porte ; quelquefois, bien rarement, elle mettait sa tête dans ses mains et pleurait, mais elle ne pouvait se permettre de perdre ainsi le temps et l'occasion ; au moment où elle était aveuglée par les larmes, celle qu'elle avait perdue pouvait passer inaperçue.

Un soir, au moment où les jours d'automne vont décroissant, Guillaume rencontra un vieillard qui, sans être absolument ivre, ne pouvait se diriger en droite ligne sur le trottoir, et dont les petits garçons du voisinage se moquaient en conséquence. En souvenir de son père, Guillaume éprouvait pour la vieillesse une grande considération, même lorsqu'elle était dégradée et bien éloignée des vertus austères qui ennoblissaient son père ; il reconduisit donc le vieillard chez lui, tout en paraissant ajouter foi à ses assertions répétées, qu'il ne buvait que de l'eau. En approchant de sa demeure, l'étranger cherchait à regagner un peu de fermeté d'allure, comme s'il y avait là quelqu'un dont il craignait de blesser les sentiments ou au respect duquel il tenait encore dans son état de demi-ivresse. La maison était d'une propreté exquise,

even in outside appearance; threshold, window, and windowsill were outward signs of some spirit of purity within. Will was rewarded for his attention by a bright glance of thanks, succeeded by a blush of shame, from a young woman of twenty or thereabouts. She did not speak or second her father's hospitable invitations to him to be seated. She seemed unwilling that a stranger should witness her father's attempts at stately sobriety, and Will could not bear to stay and see her distress. But when the old man, with many a flabby shake of the hand, kept asking him to come again some other evening, and see them, Will sought her downcast eyes, and, though he could not read their veiled meaning, he answered, timidly, "If it's agreeable to everybody, I'll come, and thank ye."

But there was no answer from the girl, to whom this speech was in reality addressed; and Will left the house, liking her all the better for never speaking.

He thought about her a great deal for the next day or two; he scolded himself for being so foolish as to think of her, and then fell to with fresh vigour, and thought of her more than ever. He tried to depreciate her: he told himself she was not pretty, and then made indignant answer that he liked her looks much better than any beauty of them all. He wished he was not so country-looking, so red-faced, so broad-shouldered; while she was like a lady, with her smooth, colourless complexion, her bright dark hair, and her spotless dress.

même à l'extérieur ; le seuil, la fenêtre, les rideaux indiquaient la présence à l'intérieur d'un esprit de pureté. Guillaume fut récompensé de ses attentions par le regard reconnaissant d'une jeune fille de vingt ans environ, qui rougit ensuite de honte. Elle ne dit pas un mot, elle ne seconda pas l'invitation hospitalière que répétait le vieillard ; elle paraissait répugner à l'idée de voir un étranger témoin des efforts que faisait son père pour cacher dignement son état, et Guillaume ne put supporter de rester pour la voir mal à l'aise ; seulement, lorsque le vieillard, lui secouant la main d'une faible étreinte, le pria à plusieurs reprises de revenir les voir un autre jour, Guillaume chercha les yeux baissés de la jeune fille et sans pouvoir lire ce qu'ils voilaient, il répondit timidement :

— Si cela ne déplaît à personne ici, je viendrai ; merci bien !

Mais la jeune fille, à laquelle ce discours était véritablement adressé, ne répondit rien, et Guillaume quitta la maison en l'approuvant de n'avoir rien dit.

Toute la journée du lendemain, il pensa à elle, tout en se reprochant d'être assez fou pour y penser, puis il recommençait de plus belle et pensait à elle plus que jamais. Il cherchait à la déprécier dans son esprit ; il se disait qu'elle n'était pas jolie, puis il se répondait avec indignation qu'elle lui plaisait plus que toutes les beautés du monde. Il se reprochait d'être si campagnard, d'avoir la figure si rouge, les épaules si larges ; elle avait l'air d'une dame avec son teint uni, ses cheveux noirs brillants et sa robe si fraîche.

Pretty or not pretty she drew his footsteps towards her; he could not resist the impulse that made him wish to see her once more, and find out some fault which should unloose his heart from her unconscious keeping. But there she was, pure and maidenly as before. He sat and looked, answering her father at cross-purposes, while she drew more and more into the shadow of the chimney-corner out of sight. Then the spirit that possessed him (it was not he himself, sure, that did so impudent a thing!) made him get up and carry the candle to a different place, under the pretence of giving her more light at her sewing, but in reality to be able to see her better. She could not stand this much longer, but jumped up and said she must put her little niece to bed; and surely there never was, before or since, so troublesome a child of two years old, for though Will stayed an hour and a half longer, she never came down again. He won the father's heart, though, by his capacity as a listener; for some people are not at all particular, and, so that they themselves may talk on undisturbed, are not so unreasonable as to expect attention to what they say.

Will did gather this much, however, from the old man's talk. He had once been quite in a genteel line of business, but had failed for more money than any greengrocer he had heard of; at least, any who did not mix up fish and game with green-grocery proper.

Jolie ou non, elle l'attirait irrésistiblement ; il ne pouvait dompter l'instinct qui lui faisait désirer de la revoir encore une fois, pour lui trouver un défaut qui délivrât son cœur des mains de ce geôlier involontaire. Mais il la retrouva pure et modeste comme la veille. Il restait là, répondant à tort et à travers aux questions de son père, tandis qu'elle se retirait de plus en plus à l'ombre du manteau de la cheminée, loin de ses regards. Alors, l'esprit qui le possédait (car ce n'est pas lui, à coup sûr, qui eût pu commettre un pareil acte d'impudence) le fit lever pour changer la chandelle de place, sous prétexte de donner plus de lumière à la jeune fille pour sa couture, mais en réalité afin de la mieux voir ; là-dessus, elle n'y tint plus et, se levant, elle dit qu'elle allait coucher sa petite nièce ; certainement jamais enfant de deux ans ne donna autant de peine, car Guillaume eut beau attendre encore une heure et demie, elle ne redescendit plus. Il gagna cependant le cœur du père par ses qualités d'auditeur ; il y a des gens qui ne sont pas difficiles et qui n'ont pas la prétention qu'on fasse attention à ce qu'ils disent, pourvu qu'on les laisse parler sans interruption.

Guillaume apprit d'ailleurs quelque chose dans la conversation du vieillard. Autrefois, celui-ci avait fait des affaires de la haute volée, et sa faillite avait été plus considérable que celle d'aucun autre fruitier de sa connaissance, du moins parmi ceux qui ne mélangeaient pas le commerce du poisson avec celui de la fruiterie.

This grand failure seemed to have been the event of his life, and one on which he dwelt with a strange kind of pride. It appeared as if at present he rested from his past exertions (in the bankrupt line), and depended on his daughter, who kept a small school for very young children. But all these particulars Will only remembered and understood when he had left the house; at the time he heard them, he was thinking of Susan. After he had made good his footing at Mr. Palmer's, he was not long, you may be sure, without finding some reason for returning again and again. He listened to her father, he talked to the little niece, but he looked at Susan, both while he listened and while he talked. Her father kept on insisting upon his former gentility, the details of which would have appeared very questionable to Will's mind, if the sweet, delicate, modest Susan had not thrown an inexplicable air of refinement over all she came near. She never spoke much; she was generally diligently at work; but when she moved it was so noiselessly, and when she did speak, it was in so low and soft a voice, that silence, speech, motion, and stillness alike seemed to remove her high above Will's reach into some saintly and inaccessible air of glory—high above his reach, even as she knew him! And, if she were made acquainted with the dark secret behind of his sister's shame, which was kept ever present to his mind by his mother's nightly search among the outcast and forsaken, would not Susan shrink away from him with loathing, as if he were tainted by the involuntary relationship?

Cette grande faillite était évidemment l'événement de sa vie, et il y revenait avec une espèce d'orgueil singulier. Il paraissait pour le moment se reposer de ses travaux passés en fait de faillite, et vivre complètement aux frais de sa fille, qui tenait une école pour les petits enfants. Mais Guillaume ne se rappela et ne comprit tous ces détails qu'en sortant de la maison. Tout le temps qu'il était là, il pensait à Suzanne. Une fois qu'il eut pris pied chez M. Palmer, vous comprenez bien qu'il ne tarda pas à trouver cent raisons pour y revenir souvent. Il écoutait le père, il parlait à la petite nièce, mais il regardait Suzanne tout en écoutant et en parlant. Le père revenait sans cesse sur les détails de son ancienne opulence ; peut-être eussent-ils paru douteux à Guillaume, si Suzanne n'eût pas été là, jetant, par sa modestie et son charme, une lueur de simple élégance sur tout ce qui l'entourait. Elle ne disait pas grand'chose ; en général, elle travaillait assidûment, mais tous ses mouvements étaient si doux, sa voix si basse et si suave, que son silence, ses paroles, ses mouvements, son repos semblaient également l'élever au-dessus de la portée de Guillaume, dans une sphère inaccessible de pureté et de sainteté. Et si elle savait le sombre secret qu'il cachait, la honte de sa sœur que les recherches nocturnes de sa mère parmi les plus misérables créatures ne lui permettaient pas d'oublier, Suzanne ne reculerait-elle pas avec horreur loin de lui, comme si cette parenté involontaire l'avait souillé ?

This was his dread; and thereupon followed a resolution that he would withdraw from her sweet company before it was too late. So he resisted internal temptation, and stayed at home, and suffered and sighed. He became angry with his mother for her untiring patience in seeking for one who he could not help hoping was dead rather than alive. He spoke sharply to her, and received only such sad deprecatory answers as made him reproach himself, and still more lose sight of peace of mind. This struggle could not last long without affecting his health; and Tom, his sole companion through the long evenings, noticed his increasing languor, his restless irritability, with perplexed anxiety, and at last resolved to call his mother's attention to his brother's haggard, careworn looks. She listened with a startled recollection of Will's claims upon her love. She noticed his decreasing appetite and half-checked sighs.

"Will, lad! what's come o'er thee?" said she to him, as he sat listlessly gazing into the fire.

"There's nought the matter with me," said he, as if annoyed at her remark.

"Wouldst like to go to Upclose Farm?" asked she, sorrowfully.

"It's just blackberrying time," said Tom.

Voilà ce qu'il craignait, et il résolut de s'arracher à cette douce société avant qu'il fût trop tard. Il résista donc à la tentation intérieure ; il resta chez lui, il souffrit, il soupira. Il s'irrita contre sa mère de la patience infatigable qu'elle mettait à chercher une personne qu'il valait mieux, se disait-il, croire morte que vivante. Il lui parla brusquement, mais il reçut des réponses si tristes, si suppliantes qu'il se reprocha amèrement son manque d'égards ; il perdit de plus en plus tout repos d'esprit. Cette lutte ne pouvait durer longtemps sans agir sur sa santé, et Thomas, son unique compagnon pendant les longues soirées, remarqua avec étonnement et inquiétude la faiblesse croissante et l'agitation incessante de son frère ; il prit enfin le parti d'attirer l'attention de sa mère sur l'air fatigué et les traits hagards de Guillaume. Elle l'écouta avec un souvenir subit des droits de son fils aîné à sa tendresse, et elle s'aperçut bientôt de l'appétit languissant et des soupirs à demi étouffés du pauvre garçon.

— Qu'est-ce que tu as donc, Guillaume ? mon enfant, lui demanda-t-elle en lui voyant contempler le feu d'un air indolent.

— Je n'ai rien, répondit-il, comme si la question le contrariait.

— Voudrais-tu retourner à la ferme d'Upclose ? demanda-t-elle tristement.

— C'est le temps des mûres ! dit Thomas.

Will shook his head. She looked at him awhile, as if trying to read that expression of despondency, and trace it back to its source.

"Will and Tom could go," said she; "I must stay here till I've found her, thou knowest," continued she, dropping her voice.

He turned quickly round, and with the authority he at all times exercised over Tom, bade him begone to bed.

When Tom had left the room, he prepared to speak.

Guillaume hocha la tête. Elle le contempla quelque temps comme pour comprendre son abattement et en découvrir la cause.

— Guillaume et Thomas pourraient s'en retourner, dit-elle, mais il faut que je reste jusqu'à ce que je l'aie retrouvée, tu sais bien, dit-elle, en baissant la voix.

Guillaume se retourna vivement et, avec l'autorité qu'il exerçait toujours sur Thomas, il lui dit d'aller se coucher.

Lorsque Thomas eut quitté la chambre, Guillaume se prépara à parler.

Chapter 2

"Mother," then said Will, "why will you keep on thinking she's alive? If she were but dead, we need never name her name again. We've never heard nought on her since father wrote her that letter; we never knew whether she got it or not. She'd left her place before then. Many a one dies in—"

"Oh, my lad! dunnot speak so to me, or my heart will break outright," said his mother, with a sort of cry. Then she calmed herself, for she yearned to persuade him to her own belief. "Thou never asked, and thou'rt too like thy father for me to tell without asking—but it were all to be near Lizzie's old place that I settled down on this side o' Manchester; and the very day at after we came, I went to her old missus, and asked to speak a word wi' her. I had a strong mind to cast it up to her, that she should ha' sent my poor lass away, without telling on it to us first; but she were in black, and looked so sad I could na' find in my heart to threep it up.

Chapitre 2

— Mère, dit Guillaume, pourquoi voulez-vous absolument qu'elle soit en vie ? Si elle était morte seulement, nous n'aurions plus besoin de prononcer son nom. Nous n'avons jamais entendu parler d'elle depuis que mon père a écrit cette lettre. Nous n'avons pas su si elle l'avait reçue ou non. Elle avait déjà quitté sa place. Bien des femmes meurent en…

— Oh ! non, ne dis pas cela, mon garçon, ou mon cœur va se briser tout à fait, dit la mère avec une espèce de cri. Puis elle se calma dans l'espoir de l'amener à sa propre conviction. Tu ne m'as jamais demandé, et tu ressembles trop à ton père pour que je te le dise de moi-même, mais c'était pour me trouver près de l'ancienne place de Lisette que j'ai voulu loger de ce côté-ci de Manchester, et le lendemain de notre arrivée j'ai été chez son ancienne maîtresse ; j'ai demandé à lui dire un mot. J'avais bien envie de lui reprocher la façon dont elle avait renvoyé notre pauvre enfant sans nous prévenir d'abord ; mais elle était en deuil, et elle avait l'air si triste que je n'ai pas eu le cœur de la disputer.

But I did ask her a bit about our Lizzie. The master would have turned her away at a day's warning (he's gone to t'other place; I hope he'll meet wi' more mercy there than he showed our Lizzie — I do), and when the missus asked her should she write to us, she says Lizzie shook her head; and when she speered at her again, the poor lass went down on her knees, and begged her not, for she said it would break my heart (as it has done, Will — God knows it has)," said the poor mother, choking with her struggle to keep down her hard overmastering grief, "and her father would curse her — Oh, God, teach me to be patient."

She could not speak for a few minutes — "and the lass threatened, and said she'd go drown herself in the canal, if the missus wrote home — and so —

"Well! I'd got a trace of my child — the missus thought she'd gone to th' workhouse to be nursed; and there I went — and there, sure enough, she had been — and they'd turned her out as she were strong, and told her she were young enough to work — but whatten kind o' work would be open to her, lad, and her baby to keep?"

Will listened to his mother's tale with deep sympathy, not unmixed with the old bitter shame. But the opening of her heart had unlocked his, and after awhile he spoke —

Mais je lui ai fait quelques questions sur notre Lisette. Le maître aurait voulu la renvoyer le jour même ; mais il est dans l'autre monde maintenant ; j'espère qu'il y aura rencontré plus de miséricorde qu'il n'en a montré à Lisette, et quand la maîtresse lui a demandé s'il fallait nous écrire, Lisette a secoué la tête ; elle a redemandé ; alors la pauvre fille s'est jetée à genoux et l'a suppliée de n'en rien faire, en disant que cela me briserait le cœur (et c'est vrai, Guillaume, Dieu le sait), dit la pauvre mère épuisée par ses efforts pour contenir son insurmontable douleur ; elle a dit que son père la maudirait ! Ô Dieu, donne-moi la patience !

Elle ne put parler pendant quelques minutes, puis elle reprit :

— Et elle menaçait, si on nous écrivait, d'aller se jeter dans le canal… Tout de même j'ai une trace de mon enfant ; sa maîtresse croit qu'elle est allée à l'hôpital pour ses couches ; j'y suis allée, elle y avait bien été, mais on l'avait renvoyée dès qu'elle avait été assez forte, en lui disant qu'elle était assez jeune pour travailler. Mais, mon garçon, quel ouvrage aura-t-elle pu trouver avec son enfant à garder ?

Guillaume écoutait le récit de sa mère avec une profonde sympathie, non sans quelque mélange de l'ancienne honte. Mais en lui ouvrant son cœur, la mère avait trouvé le chemin de celui du fils, et au bout d'un moment, il dit :

"Mother! I think I'd e'en better go home. Tom can stay wi' thee. I know I should stay too, but I cannot stay in peace so near—her—without craving to see her—Susan Palmer, I mean."

"Has the old Mr. Palmer thou telled me on a daughter?" asked Mrs. Leigh.

"Ay, he has. And I love her above a bit. And it's because I love her I want to leave Manchester. That's all."

Mrs. Leigh tried to understand this speech for some time, but found it difficult of interpretation.

"Why shouldst thou not tell her thou lov'st her? Thou'rt a likely lad, and sure o' work. Thou'lt have Upclose at my death; and as for that, I could let thee have it now, and keep mysel' by doing a bit of charring. It seems to me a very backwards sort o' way of winning her to think of leaving Manchester."

"Oh, mother, she's so gentle and so good—she's downright holy. She's never known a touch of sin; and can I ask her to marry me, knowing what we do about Lizzie, and fearing worse? I doubt if one like her could ever care for me; but if she knew about my sister, it would put a gulf between us, and she'd shudder up at the thought of crossing it. You don't know how good she is, mother!"

"Will, Will! if she's so good as thou say'st, she'll have pity on such as my Lizzie. If she has no pity for such, she's a cruel Pharisee, and thou'rt best without her."

— Mère ! je crois que je ferais mieux de retourner chez nous. Thomas peut rester avec toi ; je sais que je devrais rester aussi, mais je ne peux vivre en paix si près d'elle sans avoir le désir de la voir, Suzanne Palmer, je veux dire.

— Est-ce que le vieux M. Palmer, dont tu m'as parlé, a une fille ? demanda madame Leigh.

— Oui, et je l'aime de toute ma force, et c'est parce que je l'aime que je veux quitter Manchester. Voilà tout.

Madame Leigh essaya un instant de comprendre ce discours, mais elle en trouva l'interprétation trop difficile.

— Pourquoi ne lui dirais-tu pas que tu l'aimes ? Tu es un beau garçon et sûr de trouver de l'ouvrage. Tu auras Upclose à ma mort ; et, quant à cela, tu pourrais bien l'avoir tout de suite, je m'entretiendrai bien avec quelques journées ; ce serait une drôle de manière de l'obtenir que de quitter Manchester.

— Oh ! ma mère, elle est si douce, si bonne, c'est une vraie sainte ; le mal n'a jamais approché d'elle, et comment pourrais-je lui demander de m'épouser, sachant ce que nous savons sur Lisette, et craignant ce que nous craignons ? Je ne sais même pas si elle pourrait jamais penser à moi ; mais si elle savait l'histoire de ma sœur, ce serait un abîme entre nous, et elle frémirait à la seule pensée de le traverser. Tu ne sais pas ce qu'elle vaut, mère ?

— Guillaume ! Guillaume ! si elle est aussi bonne que tu dis, elle a pitié des malheureuses comme Lisette. Si elle n'en a pas pitié, c'est une Pharisienne, et tu n'as pas besoin d'elle.

But he only shook his head, and sighed; and for the time the conversation dropped.

But a new idea sprang up in Mrs. Leigh's head. She thought that she would go and see Susan Palmer, and speak up for Will, and tell her the truth about Lizzie; and according to her pity for the poor sinner, would she be worthy or unworthy of him. She resolved to go the very next afternoon, but without telling any one of her plan. Accordingly she looked out the Sunday clothes she had never before had the heart to unpack since she came to Manchester, but which she now desired to appear in, in order to do credit to Will. She put on her old-fashioned black mode bonnet, trimmed with real lace; her scarlet cloth cloak, which she had had ever since she was married; and, always spotlessly clean, she set forth on her unauthorised embassy. She knew the Palmers lived in Crown Street, though where she had heard it she could not tell; and modestly asking her way, she arrived in the street about a quarter to four o'clock. She stopped to enquire the exact number, and the woman whom she addressed told her that Susan Palmer's school would not be loosed till four, and asked her to step in and wait until then at her house.

"For," said she, smiling, "them that wants Susan Palmer wants a kind friend of ours; so we, in a manner, call cousins. Sit down, missus, sit down. I'll wipe the chair, so that it shanna dirty your cloak. My mother used to wear them bright cloaks, and they're right gradely things again a green field."

Guillaume secoua la tête ; il soupira, et pour cette fois la conversation en resta là.

Mais une nouvelle idée surgit dans l'esprit de madame Leigh. Elle se dit qu'elle irait voir Suzanne Palmer, et qu'elle lui dirait un mot pour Guillaume, en lui apprenant la vérité au sujet de Lisette ; suivant la pitié qu'elle témoignerait pour la pauvre pécheresse, elle serait ou non digne de Guillaume. Elle résolut d'y aller le lendemain, sans rien dire à personne de son projet. Elle tira donc de l'armoire ses habits du dimanche, qu'elle n'avait pas eu le cœur de déballer depuis qu'elle était à Manchester, mais qu'elle voulait mettre cette fois pour faire honneur à Guillaume. Elle mit son chapeau à la vieille mode, garni de vraie dentelle, le manteau de drap écarlate qu'elle possédait depuis son mariage, mais qui était resté d'une fraîcheur parfaite, et elle se mit en marche pour son ambassade secrète. Sans se rappeler comment elle l'avait appris, elle savait que les Palmer habitaient rue de la Couronne ; et demandant modestement son chemin, elle arriva dans la rue à quatre heures moins un quart. Elle s'arrêta pour demander le numéro ; la femme à laquelle elle s'adressa lui dit que Suzanne Palmer ne renvoyait ses écoliers qu'à quatre heures, et l'engagea à s'asseoir chez elle en attendant.

— Car, dit-elle en souriant, ceux qui demandent Suzanne Palmer demandent une bonne amie à nous ; elle est même un peu notre cousine. Asseyez-vous, madame, asseyez-vous. Je vais essuyer la chaise afin qu'elle ne salisse pas votre manteau. Ma mère portait autrefois un manteau éclatant comme celui-là, et c'est bien joli quand les champs sont verts.

"Han ye known Susan Palmer long?" asked Mrs. Leigh, pleased with the admiration of her cloak.

"Ever since they comed to live in our street. Our Sally goes to her school."

"Whatten sort of a lass is she, for I ha' never seen her?"

"Well, as for looks, I cannot say. It's so long since I first knowed her, that I've clean forgotten what I thought of her then. My master says he never saw such a smile for gladdening the heart. But maybe it's not looks you're asking about. The best thing I can say of her looks is, that she's just one a stranger would stop in the street to ask help from if he needed it. All the little childer creeps as close as they can to her; she'll have as many as three or four hanging to her apron all at once."

"Is she cocket at all?"

"Cocket, bless you! you never saw a creature less set up in all your life. Her father's cocket enough. No! she's not cocket any way. You've not heard much of Susan Palmer, I reckon, if you think she's cocket. She's just one to come quietly in, and do the very thing most wanted; little things, maybe, that any one could do, but that few would think on, for another. She'll bring her thimble wi' her, and mend up after the childer o' nights; and she writes all Betty Harker's letters to her grandchild out at service; and she's in nobody's way,

— Connaissez-vous Suzanne Palmer depuis longtemps ? demanda madame Leigh, enchantée de l'admiration qu'excitait son manteau.

— Depuis qu'elle est venue vivre dans notre rue, ma petite Sara va à son école.

— Et quelle sorte de fille peut-elle être, car je ne l'ai jamais vue ?

— Ah ! pour la figure, je n'en sais rien. Il y a si longtemps que je la connais que j'ai oublié ce que j'en ai pensé au premier abord. Mon mari dit qu'il n'a jamais vu un sourire comme le sien pour réjouir le cœur. Mais peut-être ce n'est pas de sa figure que vous vous préoccupez. Ce que je peux dire de mieux de sa figure, c'est qu'un étranger l'arrêterait dans la rue pour lui demander un service. Tous les petits enfants se serrent contre elle tant qu'ils peuvent ; elle en a quelquefois trois ou quatre suspendus à la fois à son tablier.

— Est-elle fière du tout ?

— Fière ! Allons donc, vous n'avez jamais vu personne de moins fier ; son père est fier ; mais elle n'est pas fière du tout. Vous ne connaissez guère Suzanne Palmer si vous vous imaginez qu'elle est fière. Elle vient tout doucement ici pour faire ce dont on a besoin, un rien peut-être que tout le monde pourrait faire, mais à quoi on ne songe guère pour les autres. Elle apporte son dé et elle raccommode les affaires des enfants, et elle écrit toutes les lettres de Betsy Harper à sa petite fille, qui est en service, et elle ne dérange jamais personne,

and that's a great matter, I take it. Here's the childer running past! School is loosed. You'll find her now, missus, ready to hear and to help. But we none on us frab her by going near her in school-time."

Poor Mrs. Leigh's heart began to beat, and she could almost have turned round and gone home again. Her country breeding had made her shy of strangers, and this Susan Palmer appeared to her like a real born lady by all accounts. So she knocked with a timid feeling at the indicated door, and when it was opened, dropped a simple curtsey without speaking. Susan had her little niece in her arms, curled up with fond endearment against her breast, but she put her gently down to the ground, and instantly placed a chair in the best corner of the room for Mrs. Leigh, when she told her who she was. "It's not Will as has asked me to come," said the mother, apologetically; "I'd a wish just to speak to you myself!"

Susan coloured up to her temples, and stooped to pick up the little toddling girl. In a minute or two Mrs. Leigh began again.

"Will thinks you would na respect us if you knew all; but I think you could na help feeling for us in the sorrow God has put upon us; so I just put on my bonnet, and came off unknownst to the lads. Every one says you're very good, and that the Lord has keeped you

ce qui est une grande chose à mon idée. Tenez, voilà les enfants qui passent, l'école est levée. Vous la trouverez maintenant, madame, prête à vous écouter et à vous aider. Mais personne de nous ne la contrarie en la dérangeant à l'heure des classes.

Le cœur de la pauvre madame Leigh commençait à battre, et elle avait presque envie de s'en retourner chez elle. Élevée à la campagne, elle était timide avec les étrangers, et cette Suzanne Palmer était évidemment une dame, d'après tout ce qu'on en disait. Elle frappa donc timidement à la porte qu'on lui indiqua, et lorsqu'on ouvrit, elle fit simplement la révérence sans parler. Suzanne tenait sa petite nièce dans ses bras, l'enfant se pressait tendrement contre son sein, mais elle la posa doucement par terre, et plaça aussitôt une chaise dans le meilleur coin de la chambre pour madame Leigh, dès qu'elle lui eut dit son nom.

— Ce n'est pas Guillaume qui m'a demandé de venir, ajouta la mère d'un ton d'excuse ; mais j'avais envie de vous parler moi-même.

Suzanne rougit violemment et se baissa pour relever la petite fille. Au bout d'un instant madame Leigh reprit :

— Guillaume croit que vous ne feriez pas de cas de nous, si vous saviez tout. Je crois, moi, que vous ne pourrez pas vous empêcher de nous plaindre du chagrin que Dieu nous a envoyé ; voilà pourquoi j'ai mis mon chapeau, et je suis venue sans que mes garçons en sachent rien. Tout le monde parle de votre vertu : on dit que le Seigneur vous a gardée

from falling from His ways; but maybe you've never yet been tried and tempted as some is. I'm perhaps speaking too plain, but my heart's welly broken, and I can't be choice in my words as them who are happy can. Well now! I'll tell you the truth. Will dreads you to hear it, but I'll just tell it you. You mun know—" but here the poor woman's words failed her, and she could do nothing but sit rocking herself backwards and forwards, with sad eyes, straight-gazing into Susan's face, as if they tried to tell the tale of agony which the quivering lips refused to utter. Those wretched, stony eyes forced the tears down Susan's cheeks, and, as if this sympathy gave the mother strength, she went on in a low voice—"I had a daughter once, my heart's darling. Her father thought I made too much on her, and that she'd grow marred staying at home; so he said she mun go among strangers and learn to rough it. She were young, and liked the thought of seeing a bit of the world; and her father heard on a place in Manchester. Well! I'll not weary you. That poor girl were led astray; and first thing we heard on it, was when a letter of her father's was sent back by her missus, saying she'd left her place, or, to speak right, the master had turned her into the street soon as he had heard of her condition—and she not seventeen!"

d'abandonner ses voies ; mais peut-être que vous n'avez jamais été tentée comme tant d'autres. Je dis peut-être trop crûment ce que je pense ; mais j'ai le cœur presque brisé, et je ne peux pas éplucher mes paroles comme les gens heureux. Eh bien ! je vais vous dire la vérité. Guillaume en a peur, mais je veux tout vous dire… Il faut que vous sachiez…

Mais ici la voix manqua à la pauvre femme, et elle restait à se balancer sur sa chaise, son triste regard fixé sur Suzanne, comme si elle eût voulu lui raconter ainsi la douloureuse histoire que ses lèvres tremblantes se refusaient à dire. Ces yeux désolés, fixes, arrachèrent des larmes à Suzanne ; et comme si la sympathie rendait des forces à la mère, elle reprit à demi-voix :

— J'avais une fille autrefois, ce que j'aimais le mieux au monde. Son père trouvait que je la gâtais et qu'elle se ferait du mal en restant à la maison ; il voulait l'envoyer chez des étrangers pour qu'elle apprît un peu la vie. Elle était jeune, elle avait envie de voir le monde, et son père entendit parler d'une place à Manchester. Je ne veux pas vous fatiguer, mais la pauvre fille s'est égarée, et la première chose que nous en ayons apprise, ça été par une lettre de son père, que la maîtresse a renvoyée en disant qu'elle avait quitté sa place, ou pour mieux dire que son maître l'avait mise à la rue, dès qu'il avait appris sa situation ; et elle n'avait pas dix-sept ans !

She now cried aloud; and Susan wept too. The little child looked up into their faces, and, catching their sorrow, began to whimper and wail. Susan took it softly up, and hiding her face in its little neck, tried to restrain her tears, and think of comfort for the mother. At last she said—

"Where is she now?"

"Lass! I dunnot know," said Mrs. Leigh, checking her sobs to communicate this addition to her distress. "Mrs. Lomax told me she went—"

"Mrs. Lomax—what Mrs. Lomax?"

"Her as lives in Brabazon Street. She telled me my poor wench went to the workhouse fra there. I'll not speak again the dead; but if her father would but ha' letten me—but he were one who had no notion—no, I'll not say that; best say nought. He forgave her on his death-bed. I daresay I did na go th' right way to work."

"Will you hold the child for me one instant?" said Susan.

"Ay, if it will come to me. Childer used to be fond on me till I got the sad look on my face that scares them, I think."

But the little girl clung to Susan; so she carried it upstairs with her. Mrs. Leigh sat by herself—how long she did not know.

Elle fondit en larmes, Suzanne pleurait aussi. La petite fille les regarda, et saisie de leur chagrin, commença à gémir et à se lamenter. Suzanne la prit doucement dans ses bras, et cachant son visage contre le petit cou de l'enfant, elle essaya de retenir ses larmes et de chercher à consoler la mère. Enfin, elle dit :

— Où est-elle maintenant ?

— Je n'en sais rien, ma fille ! répondit madame Leigh, étouffant ses sanglots pour communiquer ce second malheur. Madame Lomax m'a dit qu'elle était allée…

— Quelle madame Lomax ?

— Celle qui demeure dans la rue Brabazon. Elle m'a dit que la pauvre enfant était allée de chez elle à l'hôpital. Je ne veux pas mal parler des morts ; mais si son père m'avait laissée aller… Il n'avait aucune idée… Non, je ne veux pas dire cela, mieux vaut ne rien dire. Il lui a pardonné à son lit de mort. Probablement je ne m'y suis pas bien prise.

— Voulez-vous tenir la petite un moment ? dit Suzanne.

— Si elle veut bien venir avec moi. Les enfants m'aimaient autrefois, avant que j'eusse l'air triste, cela leur fait peur, je crois.

Mais la petite fille se pressait contre Suzanne, qui l'emporta avec elle. Madame Leigh resta seule ; elle ne mesurait pas le temps.

Susan came down with a bundle of far-worn baby-clothes.

"You must listen to me a bit, and not think too much about what I'm going to tell you. Nanny is not my niece, nor any kin to me, that I know of. I used to go out working by the day. One night, as I came home, I thought some woman was following me; I turned to look. The woman, before I could see her face (for she turned it to one side), offered me something. I held out my arms by instinct; she dropped a bundle into them, with a bursting sob that went straight to my heart. It was a baby. I looked round again; but the woman was gone. She had run away as quick as lightning. There was a little packet of clothes—very few—and as if they were made out of its mother's gowns, for they were large patterns to buy for a baby. I was always fond of babies; and I had not my wits about me, father says; for it was very cold, and when I'd seen as well as I could (for it was past ten) that there was no one in the street, I brought it in and warmed it. Father was very angry when he came, and said he'd take it to the workhouse the next morning, and flyted me sadly about it. But when morning came I could not bear to part with it; it had slept in my arms all night; and I've heard what workhouse bringing-up is. So I told father I'd give up going out working and stay at home and keep school, if I might only keep the baby; and, after a while,

Suzanne redescendit avec un paquet de vêtements d'enfants entièrement usés.

— Il faut m'écouter, madame Leigh, et ne pas trop vous attacher à ce que je vais vous dire. Nancy n'est pas ma nièce, ni ma parente, que je sache. Je travaillais autrefois en journée. Un soir, en revenant à la maison, il me sembla qu'une femme me suivait ; je me retournai pour regarder. Avant que je pusse voir son visage, car elle détournait la tête, elle m'offrit quelque chose. Je tendis les bras par instinct ; elle y déposa un paquet, puis, avec un sanglot qui m'alla au cœur, elle s'enfuit. C'était un petit enfant. Je regardai tout autour de moi, mais la femme avait disparu comme l'éclair. Il y avait un petit paquet de vêtements faits avec les robes de sa mère, je suppose, car les dessins étaient bien grands pour les acheter à un petit enfant. J'ai toujours aimé les enfants, et je n'avais pas l'esprit bien à moi, à ce que dit mon père ; il faisait très froid, et quand j'ai vu qu'il n'y avait personne dans la rue (il était près de dix heures), je l'ai emporté chez nous et je l'ai réchauffé. Mon père a été très en colère quand il est rentré ; il m'a dit qu'il la porterait le lendemain à l'hôpital, et il m'a bien grondée à son sujet. Mais quand le matin fut venu, je ne pouvais plus m'en séparer. La petite avait dormi toute la nuit dans mes bras, et je savais comment on élève les enfants à l'hôpital. Aussi j'ai dit à mon père que je renoncerais à mes journées, que je resterais à la maison et que je tiendrais une école s'il me permettait de garder la petite, et au bout de quelque temps

he said if I earned enough for him to have his comforts, he'd let me; but he's never taken to her. Now, don't tremble so—I've but a little more to tell—and maybe I'm wrong in telling it; but I used to work next door to Mrs. Lomax's, in Brabazon Street, and the servants were all thick together; and I heard about Bessy (they called her) being sent away. I don't know that ever I saw her; but the time would be about fitting to this child's age, and I've sometimes fancied it was hers. And now, will you look at the little clothes that came with her—bless her!"

But Mrs. Leigh had fainted. The strange joy and shame, and gushing love for the little child, had overpowered her; it was some time before Susan could bring her round. There she was all trembling, sick with impatience to look at the little frocks. Among them was a slip of paper which Susan had forgotten to name, that had been pinned to the bundle. On it was scrawled in a round stiff hand—

"Call her Anne. She does not cry much, and takes a deal of notice. God bless you and forgive me."

The writing was no clue at all; the name "Anne," common though it was, seemed something to build upon. But Mrs. Leigh recognised one of the frocks instantly, as being made out of a part of a gown that she and her daughter had bought together in Rochdale.

il a dit que, pourvu que je gagnasse assez pour qu'il eût ce qui lui fallait, il me le permettait ; mais il n'a jamais aimé l'enfant. Voyons, ne tremblez pas si fort ; je n'ai pas grand'chose à dire de plus ; peut-être ai-je tort de le dire, mais je travaillais dans la rue Brabazon, la porte à côté de madame Lomax. Les domestiques des deux maisons étaient très intimes, et je leur ai entendu parler de Lisa, comme ils l'appelaient, au moment où elle a été renvoyée. Je ne sais pas si je l'ai jamais vue, mais le moment se rapporterait à peu près à l'âge de l'enfant, et je me suis quelquefois figuré que la petite était à elle. Voulez-vous regarder les petits vêtements qui sont venus avec elle ? Dieu la bénisse !

Mais madame Leigh s'était trouvée mal. La joie, la honte, un élan d'affection pour le petit enfant l'avaient accablée, et Suzanne eut quelque peine à la faire revenir à elle. Lorsqu'elle reprit ses sens, elle était tout impatience de voir les petits vêtements. Au milieu de ce paquet était un chiffon de papier dont Suzanne avait oublié de parler et qui était attaché au paquet. Il portait ces mots d'une écriture ronde :

« Appelez-la Anne. Elle ne pleure pas beaucoup et elle a déjà de la connaissance. Que Dieu la bénisse et me pardonne ! »

L'écriture ne donnait aucune lumière ; mais le nom, Anne, tout ordinaire qu'il fût, semblait quelque chose de remarquable. Madame Leigh reconnut d'ailleurs au premier coup d'œil une petite blouse faite d'un morceau d'une robe achetée par elle et sa fille à Rochdale.

She stood up, and stretched out her hands in the attitude of blessing over Susan's bent head.

"God bless you, and show you His mercy in your need, as you have shown it to this little child."

She took the little creature in her arms, and smoothed away her sad looks to a smile, and kissed it fondly, saying over and over again, "Nanny, Nanny, my little Nanny." At last the child was soothed, and looked in her face and smiled back again.

"It has her eyes," said she to Susan.

"I never saw her to the best of my knowledge. I think it must be hers by the frock. But where can she be?"

"God knows," said Mrs. Leigh; "I dare not think she's dead. I'm sure she isn't."

"No; she's not dead. Every now and then a little packet is thrust in under our door, with, may be, two half-crowns in it; once it was half-a-sovereign. Altogether I've got seven-and-thirty shillings wrapped up for Nanny. I never touch it, but I've often thought the poor mother feels near to God when she brings this money. Father wanted to set the policeman to watch, but I said No; for I was afraid if she was watched she might not come, and it seemed such a holy thing to be checking her in, I could not find in my heart to do it."

"Oh, if we could but find her! I'd take her in my arms, and we'd just lie down and die together."

Elle se leva et étendit ses mains au-dessus de la tête inclinée de Suzanne comme pour la bénir.

— Dieu vous bénisse et vous témoigne sa miséricorde au besoin, comme vous ayez fait à ce petit enfant.

Elle prit dans ses bras la petite fille en faisant un effort pour sourire, et elle l'embrassa tendrement à plusieurs reprises en répétant : « Nancy, Nancy, ma petite Nancy ! » L'enfant se laissait faire et finit par la regarder à son tour en souriant.

— Elle a ses yeux, dit la mère à Suzanne.

— Je ne crois pas l'avoir jamais vue. Je pense qu'elle doit être à elle d'après la robe. Mais où peut-elle être ?

— Dieu le sait, dit madame Leigh. Je ne veux pas croire qu'elle soit morte. Je suis sûre que non.

— Non, elle n'est pas morte. De temps en temps, je trouve un petit paquet sous la porte, avec cinq ou six francs dedans ; une fois, il y avait dix francs. J'ai cinquante francs en tout qui appartiennent à Nancy. Je n'y touche jamais, mais j'ai souvent pensé que la pauvre mère se sent près de Dieu quand elle apporte cet argent. Mon père voulait que le sergent de ville la guettât ; mais j'ai dit que non ; si on la guettait, peut-être qu'elle ne viendrait pas, et ce serait l'arrêter dans une si sainte action, que je n'en ai pas eu le cœur.

— Oh ! si je pouvais la trouver ! je la prendrais dans mes bras, nous nous coucherions ensemble, et nous n'aurions plus qu'à mourir.

"Nay, don't speak so!" said Susan, gently; "for all that's come and gone, she may turn right at last. Mary Magdalen did, you know."

"Eh! but I were nearer right about thee than Will. He thought you would never look on him again if you knew about Lizzie. But thou'rt not a Pharisee."

"I'm sorry he thought I could be so hard," said Susan in a low voice, and colouring up.

Then Mrs. Leigh was alarmed, and, in her motherly anxiety, she began to fear lest she had injured Will in Susan's estimation.

"You see Will thinks so much of you—gold would not be good enough for you to walk on, in his eye. He said you'd never look at him as he was, let alone his being brother to my poor wench. He loves you so, it makes him think meanly on everything belonging to himself, as not fit to come near ye; but he's a good lad, and a good son. Thou'lt be a happy woman if thou'lt have him, so don't let my words go against him—don't!"

But Susan hung her head, and made no answer. She had not known until now that Will thought so earnestly and seriously about her; and even now she felt afraid that Mrs. Leigh's words promised her too much happiness, and that they could not be true. At any rate,

— Ne dites pas cela, reprit doucement Suzanne ; maigre tout ce qui s'est passe, elle peut encore revenir au bien. Marie-Madeleine est revenue, vous savez bien.

— Ah ! je ne m'étais pas trompée sur vous comme Guillaume. Il croyait que vous ne voudriez pas le regarder si vous saviez l'histoire de Lisette. Mais vous n'êtes pas une Pharisienne.

— Je suis bien fâchée qu'il ait pu me croire si dure, dit Suzanne à demi-voix et en rougissant.

Madame Leigh prit peur, dans son anxiété maternelle ; elle craignit d'avoir fait tort à Guillaume dans l'esprit de Suzanne :

— Vous voyez, Guillaume a si haute opinion de vous, à son idée, l'or n'est pas assez bon pour mettre sous vos pieds. Il disait que vous ne le regarderiez pas seulement comme il est, sans parler de ce qu'il est le frère de ma pauvre enfant. Il vous aime tant que cela lui donne pauvre opinion de lui-même et de tout ce qui lui appartient, comme s'il n'était pas digne de vous approcher ; mais c'est un brave garçon et un bon fils, vous seriez heureuse si vous le preniez. Ainsi, il ne faut pas que ce que j'ai dit lui fasse tort, certes !

Mais Suzanne baissait la tête et ne répondait pas. Jusqu'alors elle ne savait pas que Guillaume pensât si sérieusement et si tendrement à elle, et elle craignait encore que les paroles de madame Leigh ne lui promissent trop de bonheur pour être vraies. Dans tous les cas,

the instinct of modesty made her shrink from saying anything which might seem like a confession of her own feelings to a third person. Accordingly she turned the conversation on the child.

"I am sure he could not help loving Nanny," said she. "There never was such a good little darling; don't you think she'd win his heart if he knew she was his niece, and perhaps bring him to think kindly on his sister?"

"I dunnot know," said Mrs. Leigh, shaking her head. "He has a turn in his eye like his father, that makes me—He's right down good though. But you see, I've never been a good one at managing folk; one severe look turns me sick, and then I say just the wrong thing, I'm so fluttered. Now I should like nothing better than to take Nancy home with me, but Tom knows nothing but that his sister is dead, and I've not the knack of speaking rightly to Will. I dare not do it, and that's the truth. But you mun not think badly of Will. He's so good hissel, that he can't understand how any one can do wrong; and, above all, I'm sure he loves you dearly."

"I don't think I could part with Nancy," said Susan, anxious to stop this revelation of Will's attachment to herself. "He'll come round to her soon; he can't fail; and I'll keep a sharp look-out after the poor mother, and try and catch her the next time she comes with her little parcels of money."

un instinct de modestie lui inspirait une grande répugnance à confesser d'aucune façon ses sentiments personnels à un tiers. Elle détourna donc la conversation et parla de l'enfant.

— Je suis sûre qu'il ne pourra pas s'empêcher d'aimer Nancy, dit-elle. Jamais il n'y a eu un petit bijou aussi gentil ; ne pensez-vous pas qu'elle lui gagnerait le cœur s'il savait que c'était sa nièce, et peut-être que cela l'amènerait à penser à sa sœur avec plus de bienveillance ?

— Je n'en sais rien, dit madame Leigh, en secouant la tête. Il a quelque chose dans les yeux comme son père, qui me... Il est excellent... Mais, voyez-vous, je n'ai jamais su m'y prendre. Un regard sévère me fait perdre la tête, et alors je dis dans mon trouble précisément ce qu'il ne faudrait pas. Je n'aimerais rien mieux que d'emmener Nancy avec moi ; mais Thomas croit sa sœur morte, et je ne sais pas parler à Guillaume comme il faut. Je n'ose pas, voilà le fait. Mais il ne faut pas avoir mauvaise idée de Guillaume. Il est si excellent lui-même qu'il ne comprend pas comment on peut mal faire, et, par-dessus tout, je suis sûre qu'il vous aime de tout son cœur.

— Je ne pourrais pas me séparer de Nancy, dit Suzanne, qui voulait arrêter des révélations sur l'affection de Guillaume. Il en viendra bientôt à l'aimer, j'en suis sûre, et je veillerai de près sur la pauvre mère pour tâcher de l'attraper la première fois qu'elle viendra avec un petit paquet d'argent.

"Ay, lass; we mun get hold of her; my Lizzie. I love thee dearly for thy kindness to her child: but, if thou canst catch her for me, I'll pray for thee when I'm too near my death to speak words; and, while I live, I'll serve thee next to her — she mun come first, thou know'st. God bless thee, lass. My heart is lighter by a deal than it was when I comed in. Them lads will be looking for me home, and I mun go, and leave this little sweet one" (kissing it). "If I can take courage, I'll tell Will all that has come and gone between us two. He may come and see thee, mayn't he?"

"Father will be very glad to see him, I'm sure," replied Susan.

The way in which this was spoken satisfied Mrs. Leigh's anxious heart that she had done Will no harm by what she had said; and, with many a kiss to the little one, and one more fervent tearful blessing on Susan, she went homewards.

— Oui, ma fille, il faut tâcher de la retenir, ma Lisette. Je vous aime déjà bien pour ce que vous avez fait à son enfant ; mais si vous pouvez me la retrouver, je prierai pour vous quand je serai trop près de mourir pour articuler des paroles, et tant que je vivrai, je vous servirai tout de suite après elle ; il faudra bien qu'elle passe la première, n'est-ce pas ? Dieu vous bénisse, ma fille ! J'ai le cœur bien plus léger qu'en venant ici. Mes garçons vont m'attendre, il faut que je rentre et que je laisse ce petit trésor, ajouta-t-elle en embrassant l'enfant. Si je peux en trouver le courage, je dirai à Guillaume tout ce qui s'est passé entre nous. Il peut venir vous voir, n'est-ce pas ?

— Mon père sera bien aise de le voir, j'en suis sûre, répliqua Suzanne.

Le ton de sa réponse satisfit les inquiétudes de madame Leigh ; elle n'avait pas fait de tort à Guillaume par ce qu'elle avait fait, et, embrassant encore la petite, prononçant sur Suzanne une nouvelle bénédiction, elle reprit le chemin de sa demeure.

Chapter 3

THAT NIGHT Mrs. Leigh stopped at home—that only night for many months. Even Tom, the scholar, looked up from his books in amazement; but then he remembered that Will had not been well, and that his mother's attention having been called to the circumstance, it was only natural she should stay to watch him. And no watching could be more tender, or more complete. Her loving eyes seemed never averted from his face—his grave, sad, careworn face. When Tom went to bed the mother left her seat, and going up to Will, where he sat looking at the fire, but not seeing it, she kissed his forehead, and said—"Will! lad, I've been to see Susan Palmer!"

She felt the start under her hand which was placed on his shoulder, but he was silent for a minute or two. Then he said,—

"What took you there, mother?"

Chapitre 3

Ce soir-là, madame Leigh, pour la première fois depuis bien des mois, resta chez elle. Thomas lui-même, le studieux Thomas, leva la tête de dessus ses livres avec étonnement ; mais il se rappela que Guillaume n'était pas bien et que l'attention de sa mère ayant été appelée sur cette circonstance, il était naturel qu'elle restât là pour le surveiller. Et jamais surveillance ne fut plus tendre et plus vigilante. Le regard affectueux de la mère ne semblait pas quitter un instant les traits graves et fatigués du fils. Lorsque Thomas alla se coucher, elle se leva et, s'approchant de Guillaume qui contemplait le feu, elle l'embrassa au front en disant :

— Guillaume, mon garçon, j'ai été voir Suzanne Palmer !

Elle le sentit tressaillir, mais il garda le silence une minute ou deux ; puis il dit :

— Par quel hasard y es-tu allée, ma mère ?

"Why, my lad, it was likely I should wish to see one you cared for; I did not put myself forward. I put on my Sunday clothes, and tried to behave as yo'd ha' liked me. At least, I remember trying at first; but after, I forgot all."

She rather wished that he would question her as to what made her forget all. But he only said—

"How was she looking, mother?"

"Well, thou seest I never set eyes on her before; but she's a good, gentle-looking creature; and I love her dearly, as I've reason to."

Will looked up with momentary surprise, for his mother was too shy to be usually taken with strangers. But, after all, it was naturally in this case, for who could look at Susan without loving her? So still he did not ask any questions, and his poor mother had to take courage, and try again to introduce the subject near to her heart. But how?

"Will!" said she (jerking it out in sudden despair of her own powers to lead to what she wanted to say), "I telled her all."

"Mother! you've ruined me," said he, standing up, and standing opposite to her with a stern white look of affright on his face.

— Mais, mon garçon, ce n'était pas étonnant que j'eusse envie de voir une personne à laquelle tu pensais. Je ne me suis pas mise en avant. J'avais mis mes habits des dimanches, et j'ai fait ce que j'ai pu pour me conduire comme tu aurais voulu ; c'est-à-dire, j'ai tâché ; au commencement, je m'en suis souvenue, mais après, j'ai tout oublié.

Elle avait bien envie qu'il lui demandât pourquoi elle avait tout oublié ; mais il dit seulement :

— Avait-elle bonne mine, ma mère ?

— Guillaume, je ne l'avais jamais vue auparavant ; mais c'est une bonne et douce créature, et je l'aime tendrement, comme j'en ai motif.

Guillaume leva les yeux avec un moment de surprise ; sa mère était habituellement trop timide pour que les étrangers lui plussent. Mais après tout, qu'y avait-il là d'extraordinaire ? Comment voir Suzanne sans l'aimer ? Il ne faisait donc pas de questions, et sa pauvre mère eut à prendre courage et à chercher encore une fois à amener le sujet qui lui tenait si fort au cœur ; comment faire ?

— Guillaume, dit-elle en se découvrant d'un seul coup, par crainte de ne pouvoir amener la conversation où elle voulait. Je lui ai tout dit.

— Ma mère, tu m'as perdu ! dit-il en se levant en face d'elle, et en la regardant d'un air sévère mais effrayé.

"No! my own dear lad; dunnot look so scared; I have not ruined you!" she exclaimed, placing her two hands on his shoulders, and looking fondly into his face. "She's not one to harden her heart against a mother's sorrow. My own lad, she's too good for that. She's not one to judge and scorn the sinner. She's too deep read in her New Testament for that. Take courage, Will; and thou mayst, for I watched her well, though it is not for one woman to let out another's secret. Sit thee down, lad, for thou look'st very white."

He sat down. His mother drew a stool towards him, and sat at his feet.

"Did you tell her about Lizzie, then?" asked he, hoarse and low.

"I did; I telled her all! and she fell a-crying over my deep sorrow, and the poor wench's sin. And then a light comed into her face, trembling and quivering with some new glad thought; and what dost thou think it was, Will, lad? Nay, I'll not misdoubt but that thy heart will give thanks as mine did, afore God and His angels, for her great goodness. That little Nanny is not her niece, she's our Lizzie's own child, my little grandchild."

She could no longer restrain her tears; and they fell hot and fast, but still she looked into his face.

"Did she know it was Lizzie's child? I do not comprehend," said he, flushing red.

— Non, mon enfant, n'aie pas l'air si effaré ; je ne t'ai pas perdu, s'écria-t-elle en lui mettant les deux mains sur les épaules et en le regardant tendrement. Elle n'est pas fille à endurcir son cœur contre le chagrin d'une mère. Elle est trop bonne pour cela, mon garçon. Ce n'est pas elle qui jugera et qui méprisera les pécheurs ; elle connaît trop bien son Évangile pour cela. Prends courage, Guillaume, tu le peux, car je l'ai bien examinée ; seulement ce n'est pas à une femme de dire le secret d'une autre. Assied-toi, mon garçon, tu es tout pâle !

Il s'assit. Sa mère prit un tabouret et s'assit à ses pieds.

— Tu lui as parlé de Lisette, alors ? dit-il tout bas, d'une voix rauque.

— Oui, je lui ai tout dit, et elle s'est mise à pleurer de mon grand chagrin et du péché de ma pauvre enfant. Et puis tout d'un coup sa figure s'est illuminée ; elle tremblait comme si elle avait une pensée heureuse, et sais-tu ce que c'était, Guillaume, mon garçon ? Je suis sûre que ton cœur rendra grâce devant Dieu et devant ses anges, comme le mien, pour la grande bonté de Suzanne. Cette petite Nancy n'est pas sa nièce, c'est l'enfant de notre Lisette, c'est ma petite-fille !

Elle ne pouvait plus retenir les larmes qui inondaient son visage, mais elle regardait toujours son fils.

— Savait-elle que c'était l'enfant de Lisette ? Je ne comprends pas, dit-il en rougissant.

"She knows now: she did not at first, but took the little helpless creature in, out of her own pitiful, loving heart, guessing only that it was the child of shame; and she's worked for it, and kept it, and tended it ever sin' it were a mere baby, and loves it fondly. Will! won't you love it?" asked she, beseechingly.

He was silent for an instant; then he said, "Mother, I'll try. Give me time, for all these things startle me. To think of Susan having to do with such a child!"

"Ay, Will! and to think, as may be, yet of Susan having to do with the child's mother! For she is tender and pitiful, and speaks hopefully of my lost one, and will try and find her for me, when she comes, as she does sometimes, to thrust money under the door, for her baby. Think of that, Will. Here's Susan, good and pure as the angels in heaven, yet, like them, full of hope and mercy, and one who, like them, will rejoice over her as repents. Will, my lad, I'm not afeard of you now; and I must speak, and you must listen. I am your mother, and I dare to command you, because I know I am in the right, and that God is on my side. If He should lead the poor wandering lassie to Susan's door, and she comes back, crying and sorryful, led by that good angel to us once more, thou shalt never say a casting-up word to her about her sin, but be tender and helpful towards one 'who was lost and is found;' so may God's blessing rest on thee, and so mayst thou lead Susan home as thy wife."

— Elle le sait maintenant, elle ne le savait pas d'abord ; mais elle a recueilli cette pauvre petite créature par compassion, devinant seulement que c'était une enfant de la honte ; elle a travaillé pour elle, elle l'a gardée, elle l'a soignée depuis qu'elle était toute petite, et elle l'aime de tout son cœur. Guillaume, tu aimeras cette enfant, n'est-ce pas ? demanda-t-elle d'un ton suppliant.

Il garda un instant le silence, puis il dit :

— J'essayerai, ma mère. Donne-moi le temps, tout cela me trouble. Penser que Suzanne a eu affaire avec une enfant pareille !

— Oui, Guillaume, et penser que Suzanne pourra encore avoir affaire avec la mère de cette enfant ! Car elle est tendre, elle est pitoyable, elle parle avec espoir de ma pauvre fille, et elle cherchera à me la retrouver quand elle viendra, comme elle fait quelquefois, fourrer de l'argent sous la porte pour son enfant. Pense à cela, Guillaume, voilà Suzanne, pure et sainte comme les anges du ciel, qui reste comme eux pleine d'espoir et de miséricorde, et qui se réjouira comme eux du repentir de mon enfant. Guillaume, mon garçon, je n'ai plus peur de toi, maintenant ; il faut que je parle et que tu écoutes. Je suis ta mère et j'ai le droit de te commander, parce que je sais que j'ai raison et que Dieu est avec moi. S'il conduit la pauvre égarée à la porte de Suzanne, et que ce bon ange nous la ramène ici pleurant et se repentant, tu ne lui diras pas un seul mot de reproche sur son péché. Mais tu useras de tendresse et de compassion envers celle qui était perdue et qui sera retrouvée, si tu veux que la bénédiction de Dieu repose sur toi, et pouvoir amener Suzanne chez toi comme ta femme.

She stood no longer as the meek, imploring, gentle mother, but firm and dignified, as if the interpreter of God's will. Her manner was so unusual and solemn, that it overcame all Will's pride and stubbornness. He rose softly while she was speaking, and bent his head, as if in reverence at her words, and the solemn injunction which they conveyed. When she had spoken, he said, in so subdued a voice that she was almost surprised at the sound, "Mother, I will."

"I may be dead and gone; but, all the same, thou wilt take home the wandering sinner, and heal up her sorrows, and lead her to her Father's house. My lad! I can speak no more; I'm turned very faint."

He placed her in a chair; he ran for water. She opened her eyes, and smiled.

"God bless you, Will. Oh! I am so happy. It seems as if she were found; my heart is so filled with gladness."

That night Mr. Palmer stayed out late and long. Susan was afraid that he was at his old haunts and habits—getting tipsy at some public-house; and this thought oppressed her, even though she had so much to make her happy in the consciousness that Will loved her. She sat up long, and then she went to bed, leaving all arranged as well as she could for her father's return. She looked at the little rosy, sleeping girl

Elle était là, debout ; ce n'était plus la mère douce, suppliante, soumise : c'était un interprète ferme et digne de la volonté de Dieu. Ses manières étaient si changées et si solennelles que tout l'orgueil et l'entêtement de Guillaume cédèrent devant elle. Il se leva lentement pendant qu'elle parlait, et baissa la tête par respect pour ses paroles, comme pour l'injonction solennelle qu'elles contenaient. Lorsqu'elle eut fini, il dit d'une voix si douce qu'elle en fut presque surprise :

— Oui, ma mère, je le ferai.

— Je serai morte peut-être, mais tu le feras tout de même ; tu recueilleras chez toi la pécheresse égarée, tu banderas ses plaies et tu la ramèneras à la maison de son Dieu. Mon garçon, je ne puis plus parler. Je me sens trop faible.

Il la mit sur une chaise et courut chercher de l'eau. Elle ouvrit les yeux et sourit :

— Dieu te bénisse, Guillaume. Oh ! je suis si heureuse, il me semble qu'elle est retrouvée, tant mon cœur est plein de joie.

Ce soir-là, M. Palmer resta longtemps dehors. Suzanne craignait qu'il ne fût retourné à ses anciennes habitudes, qu'il ne demeurât dans quelque cabaret ; et cette pensée l'oppressait, en dépit de tout le bonheur qu'elle puisait dans le sentiment que Guillaume l'aimait. Elle veilla tard, puis elle monta pour se coucher, laissant tout préparé pour le retour de son père. Elle regarda la petite fille endormie

who was her bed-fellow, with redoubled tenderness, and with many a prayerful thought. The little arms entwined her neck as she lay down, for Nanny was a light sleeper, and was conscious that she, who was loved with all the power of that sweet, childish heart, was near her, and by her, although she was too sleepy to utter any of her half-formed words.

And, by-and-by, she heard her father come home, stumbling uncertain, trying first the windows, and next the door fastenings, with many a loud incoherent murmur. The little innocent twined around her seemed all the sweeter and more lovely, when she thought sadly of her erring father. And presently he called aloud for a light. She had left matches and all arranged as usual on the dresser; but, fearful of some accident from fire, in his unusually intoxicated state, she now got up softly, and putting on a cloak, went down to his assistance.

Alas! the little arms that were unclosed from her soft neck belonged to a light, easily awakened sleeper. Nanny missed her darling Susy; and terrified at being left alone, in the vast mysterious darkness, which had no bounds and seemed infinite, she slipped out of bed, and tottered, in her little nightgown, towards the door. There was a light below, and there was Susy and safety! So she went onwards two steps towards the steep, abrupt stairs; and then, dazzled by sleepiness, she stood, she wavered, she fell! Down on her head on the stone floor she fell!

qui l'attendait dans son lit, avec un redoublement de tendresse et des pensées pleines de prière. Les petits bras se serrèrent autour de son cou dès qu'elle fut couchée. Nancy avait le sommeil léger, et elle sentait près d'elle celle qu'elle aimait de toutes les forces de son petit cœur d'enfant ; mais elle était trop endormie pour articuler les petits mots qu'elle commençait à dire.

Bientôt Suzanne entendit son père qui revenait, incertain, chancelant, tâtant d'abord la fenêtre, puis la porte, tout en marmottant des paroles incohérentes. La petite innocente qui se pressait près d'elle lui semblait d'autant plus pure et plus attachante quand elle pensait tristement à son malheureux père. Il demandait une lumière à grands cris ; elle avait laissé les allumettes et un bougeoir sur le dressoir ; mais craignant, dans l'état d'ivresse inaccoutumée où il se trouvait, qu'il ne mît le feu quelque part, elle se leva doucement, prit un manteau et descendit pour l'aider.

Hélas ! les petits bras qu'elle avait détachés de son cou appartenaient à une enfant facile à éveiller. Nancy s'aperçut de l'absence de sa chère Suzanne, elle s'effraya de se trouver dans cette terrible obscurité qui lui semblait sans limites ; elle descendit du lit tout en chemise, et se dirigea en chancelant vers la porte de l'escalier. Il y avait une lumière en bas, Suzanne et la sécurité étaient là ! elle fit un pas vers l'escalier, les marches étaient étroites, elle était étourdie par le sommeil, elle chancela, elle tomba, elle roula, jusqu'aux pierres du seuil, sur la tête.

Susan flew to her, and spoke all soft, entreating, loving words; but her white lids covered up the blue violets of eyes, and there was no murmur came out of the pale lips. The warm tears that rained down did not awaken her; she lay stiff, and weary with her short life, on Susan's knee. Susan went sick with terror. She carried her upstairs, and laid her tenderly in bed; she dressed herself most hastily, with her trembling fingers. Her father was asleep on the settle downstairs; and useless, and worse than useless, if awake.

But Susan flew out of the door, and down the quiet resounding street, towards the nearest doctor's house. Quickly she went, but as quickly a shadow followed, as if impelled by some sudden terror. Susan rang wildly at the night-bell—the shadow crouched near. The doctor looked out from an upstairs window.

"A little child has fallen downstairs, at No. 9 Crown Street, and is very ill—dying, I'm afraid. Please, for God's sake, sir, come directly. No. 9 Crown Street."

"I'll be there directly," said he, and shut the window.

"For that God you have just spoken about—for His sake—tell me, are you Susan Palmer? Is it my child that lies a-dying?" said the shadow, springing forwards, and clutching poor Susan's arm.

Suzanne vola vers elle, lui prodigua tous les soins les plus tendres, les plus suppliants, mais les paupières blanches restaient baissées sur les yeux bleus, aucun murmure ne s'échappait des lèvres pâles. Les larmes brûlantes qui coulaient sur elle ne la réveillaient pas ; elle restait là raide, froide et lassée de sa courte vie, sur les genoux de son amie. Le cœur manquait d'effroi à Suzanne. Elle l'emporta dans sa chambre et l'étendit tendrement sur le lit ; elle s'habilla précipitamment de ses mains tremblantes. Son père s'était endormi sur un banc près du feu ; il n'était bon à rien et c'eût été pis encore s'il s'était réveillé.

Mais Suzanne sortit précipitamment, vola le long de la rue silencieuse jusqu'à la porte du médecin le plus voisin. Elle se hâtait, mais, derrière elle, courait une ombre qui semblait poussée par une terreur subite. Suzanne sonna violemment, l'ombre qui la suivait se cacha derrière un mur. Le docteur mit la tête à une fenêtre.

— Une petite fille vient de tomber d'un escalier au n° 9, rue de la Couronne ; elle est bien malade, elle se meurt, je crois. Je vous en prie, monsieur, pour l'amour de Dieu, venez vite n° 9, rue de la Couronne.

— J'y vais à l'instant, dit-il, et il referma la fenêtre.

— Au nom du Dieu dont vous venez de parler, pour l'amour de lui, dites-moi, êtes-vous Suzanne Palmer ? Est-ce mon enfant qui se meurt ? s'écria l'ombre en s'élançant en avant et en saisissant le bras de la pauvre Suzanne.

"It is a little child of two years old. I do not know whose it is; I love it as my own. Come with me, whoever you are; come with me."

The two sped along the silent streets—as silent as the night were they. They entered the house; Susan snatched up the light, and carried it upstairs. The other followed.

She stood with wild, glaring eyes by the bedside, never looking at Susan, but hungrily gazing at the little, white, still child. She stooped down, and put her hand tight on her own heart, as if to still its beating, and bent her ear to the pale lips. Whatever the result was, she did not speak; but threw off the bed-clothes wherewith Susan had tenderly covered up the little creature, and felt its left side.

Then she threw up her arms, with a cry of wild despair.

"She is dead! she is dead!"

She looked so fierce, so mad, so haggard, that, for an instant, Susan was terrified; the next, the holy God had put courage into her heart, and her pure arms were round that guilty, wretched creature, and her tears were falling fast and warm upon her breast. But she was thrown off with violence.

"You killed her—you slighted her—you let her fall down those stairs! you killed her!"

— C'est une petite fille de deux ans, je ne sais pas à qui elle est, mais je l'aime comme si elle m'appartenait. Venez avec moi, qui que vous soyez, venez avec moi.

Toutes deux volaient dans les rues désertes, silencieuses comme la nuit. Elles entrèrent dans la maison, Suzanne saisit la lumière et monta devant. L'autre suivit.

Elle était là, les yeux hagards, à côté du lit, ne regardant pas Suzanne, mais contemplant avidement le pâle visage de la petite. Elle se baissa et, mettant la main sur son propre cœur comme pour en comprimer les battements, elle appuya son oreille sur les lèvres blanches de sa fille. Quel que fût le résultat, elle ne dit rien ; mais, rejetant les couvertures que Suzanne avait soigneusement arrangées sur la petite créature, elle tâta son côté gauche.

Alors, elle leva les bras au ciel avec un geste de désespoir :

— Elle est morte ! elle est morte !

Elle avait l'air si farouche, si insensé, si hagard, qu'un instant Suzanne eut peur. La minute d'après le Dieu saint mit du courage dans son cœur, ses bras entouraient la pauvre femme tombée, et ses larmes inondaient son sein. Mais elle fut repoussée avec violence :

— Vous l'avez tuée, vous l'avez négligée, vous l'avez laissée tomber sur l'escalier, vous l'avez tuée.

Susan cleared off the thick mist before her, and, gazing at the mother with her clear, sweet angel eyes, said, mournfully—"I would have laid down my own life for her."

"Oh, the murder is on my soul!" exclaimed the wild, bereaved mother, with the fierce impetuosity of one who has none to love her, and to be beloved, regard to whom might teach self-restraint.

"Hush!" said Susan, her finger on her lips. "Here is the doctor. God may suffer her to live."

The poor mother turned sharp round. The doctor mounted the stair. Ah! that mother was right; the little child was really dead and gone.

And when he confirmed her judgment, the mother fell down in a fit. Susan, with her deep grief, had to forget herself, and forget her darling (her charge for years), and question the doctor what she must do with the poor wretch, who lay on the floor in such extreme of misery.

"She is the mother!" said she.

"Why did she not take better care of her child?" asked he, almost angrily.

But Susan only said, "The little child slept with me; and it was I that left her."

"I will go back and make up a composing draught; and while I am away you must get her to bed."

Suzanne essuyait les larmes qui l'aveuglaient, et regardant la mère de ses yeux angéliques, elle dit tristement :

— J'aurais donné ma vie pour elle.

— Oh ! son sang est sur moi, s'écria la malheureuse mère, avec l'impétuosité sauvage de quelqu'un qui n'a rien à aimer, ni personne qui l'aime pour lui enseigner à se contenir.

— Chut ! dit Suzanne en mettant son doigt sur ses lèvres. Voilà le docteur, Dieu permettra peut-être qu'elle vive.

La pauvre mère se retourna brusquement. Le docteur montait l'escalier. Hélas ! elle ne s'était pas trompée, la petite fille n'était plus !

Lorsqu'il eut confirmé son jugement, la mère eut une attaque de nerfs. Suzanne, toujours dans son profond chagrin, dut s'oublier elle-même, oublier la petite fille qu'elle avait tant aimée depuis deux ans, et demanda au docteur ce qu'il fallait faire pour la pauvre créature qui se tordait sur le plancher dans l'extrémité de son agonie.

— C'est la mère, dit-elle.

— Pourquoi n'a-t-elle pas même soigné son enfant ? demanda-t-il avec un mouvement de colère.

Mais Suzanne dit seulement :

— La petite couchait avec moi. C'est moi qui l'ai quittée.

— Je vais aller préparer une potion calmante ; pendant mon absence, il faut la coucher.

Susan took out some of her own clothes, and softly undressed the stiff, powerless form. There was no other bed in the house but the one in which her father slept. So she tenderly lifted the body of her darling; and was going to take it downstairs, but the mother opened her eyes, and seeing what she was about, she said—"I am not worthy to touch her, I am so wicked. I have spoken to you as I never should have spoken; but I think you are very good. May I have my own child to lie in my arms for a little while?"

Her voice was so strange a contrast to what it had been before she had gone into the fit, that Susan hardly recognised it: it was now so unspeakably soft, so irresistibly pleading; the features too had lost their fierce expression, and were almost as placid as death. Susan could not speak, but she carried the little child, and laid it in its mother's arms; then, as she looked at them, something overpowered her, and she knelt down, crying aloud—"Oh, my God, my God, have mercy on her, and forgive and comfort her."

But the mother kept smiling, and stroking the little face, murmuring soft, tender words, as if it were alive. She was going mad, Susan thought; but she prayed on, and on, and ever still she prayed with streaming eyes.

Suzanne prit du linge dans son armoire et déshabilla doucement le corps immobile et sans force. Il n'y avait d'autre lit dans la maison que celui de son père. Elle souleva donc doucement le cadavre de son enfant chérie, et elle allait l'emporter au rez-de-chaussée quand la mère ouvrit les yeux, et, voyant ce qu'elle faisait, elle dit :

— Je ne suis pas digne de la toucher, je suis trop mauvaise ; je vous ai parlé comme je n'aurais jamais dû faire ; mais je sais comme vous êtes bonne, ne pourrais-je pas tenir un peu mon petit enfant dans mes bras ?

Sa voix formait un si étrange contraste avec ce qu'elle était avant l'attaque de nerfs, que Suzanne eut peine à la reconnaître, tant elle était devenue douce et suppliante ; les traits avaient également perdu leur expression farouche et semblaient calmes comme la mort. Suzanne ne pouvait parler, mais elle souleva la petite fille et la mit dans les bras de sa mère ; puis, en les regardant toutes deux, quelque chose triompha de son courage, et elle tomba à genoux en s'écriant tout haut :

— Ô Dieu ! mon Dieu, aie pitié d'elle, pardonne lui et console-la !

Mais la mère souriait toujours ; elle caressait le petit visage, en murmurant de tendres paroles, comme si son enfant était vivante. « Elle devient folle, » pensait Suzanne. Mais elle priait, elle priait toujours en pleurant.

The doctor came with the draught. The mother took it, with docile unconsciousness of its nature as medicine. The doctor sat by her; and soon she fell asleep. Then he rose softly, and beckoning Susan to the door, he spoke to her there.

"You must take the corpse out of her arms. She will not awake. That draught will make her sleep for many hours. I will call before noon again. It is now daylight. Good-by."

Susan shut him out; and then, gently extricating the dead child from its mother's arms, she could not resist making her own quiet moan over her darling. She tried to learn off its little placid face, dumb and pale before her.

And then she remembered what remained to be done. She saw that all was right in the house; her father was still dead asleep on the settle, in spite of all the noise of the night. She went out through the quiet streets, deserted still, although it was broad daylight, and to where the Leighs lived. Mrs. Leigh, who kept her country hours, was opening her window-shutters. Susan took her by the arm, and, without speaking, went into the house-place. There she knelt down before the astonished Mrs. Leigh, and cried as she had never done before; but the miserable night had overpowered her, and she who had gone through so much calmly, now that the pressure seemed removed could not find the power to speak.

Le docteur revint avec la potion. La mère la prit sans se douter de la nature du remède. Le docteur resta près d'elle, et bientôt elle s'endormit. Alors il se leva doucement et faisant signe à Suzanne de le suivre jusqu'à la porte, il lui dit :

— Il faut lui enlever le corps. Elle ne se réveillera pas. Cette potion la fera dormir plusieurs heures. Je reviendrai avant midi. Voilà le jour, adieu.

Suzanne referma la porte sur lui, puis dégageant l'enfant des bras de la mère, elle ne put résister au désir de pleurer doucement son enfant chérie, en essayant de fixer dans son souvenir ce doux petit visage, silencieux et pâle.

Puis elle se rappela ce qui restait à faire. Tout était en ordre dans la maison ; son père dormait encore profondément sur le banc, en dépit du tumulte de la nuit. Elle sortit, traversa les rues désertes et silencieuses encore, bien qu'il fît grand jour, et arriva à la demeure des Leigh. Madame Leigh, qui avait conservé ses habitudes de campagne, ouvrait ses volets. Suzanne la prit par le bras, et sans rien dire, entra dans la maison. Alors elle se mit à genoux devant madame Leigh stupéfaite, et pleura comme cela ne lui était jamais arrivé. Le chagrin de la nuit l'avait bouleversée, et après avoir tant souffert avec calme, elle ne pouvait trouver la force de parler, maintenant que la première angoisse était passée.

"My poor dear! What has made thy heart so sore as to come and cry a-this-ons? Speak and tell me. Nay, cry on, poor wench, if thou canst not speak yet. It will ease the heart, and then thou canst tell me."

"Nanny is dead!" said Susan. "I left her to go to father, and she fell downstairs, and never breathed again. Oh, that's my sorrow! But I've more to tell. Her mother is come—is in our house! Come and see if it's your Lizzie."

Mrs. Leigh could not speak, but, trembling, put on her things and went with Susan in dizzy haste back to Crown Street.

— Ma pauvre fille ! Qui est-ce qui t'a gonflé le cœur au point de te faire pleurer ainsi ? Dis-moi, je t'en prie. Non, pleure, pauvre enfant, si tu ne peux pas parler encore. Cela te soulagera et ensuite tu pourras parler.

— Nancy est morte ! dit Suzanne. Je l'ai quittée pour aller trouver mon père, elle a roulé dans l'escalier et n'a plus respiré. Oh ! voilà mon chagrin, mais j'ai autre chose à vous dire. Sa mère est venue, elle est chez nous ; venez voir si c'est votre Lisette ?

Madame Leigh ne put répondre ; mais, pâle et tremblante, elle mit son chapeau et suivit précipitamment Suzanne jusqu'à la rue de la Couronne.

Chapter 4

AS THEY ENTERED the house in Crown Street, they perceived that the door would not open freely on its hinges, and Susan instinctively looked behind to see the cause of the obstruction. She immediately recognised the appearance of a little parcel, wrapped in a scrap of newspaper, and evidently containing money. She stooped and picked it up.

"Look!" said she, sorrowfully, "the mother was bringing this for her child last night."

But Mrs. Leigh did not answer. So near to the ascertaining if it were her lost child or no, she could not be arrested, but pressed onwards with trembling steps and a beating, fluttering heart. She entered the bedroom, dark and still. She took no heed of the little corpse over which Susan paused, but she went straight to the bed, and, withdrawing the curtain, saw Lizzie; but not the former Lizzie, bright, gay, buoyant, and undimmed. This Lizzie was old before her time; her beauty was gone;

Chapitre 4

En entrant dans la maison, rue de la Couronne, elles s'aperçurent que la porte tournait difficilement sur ses gonds. Suzanne regarda instinctivement derrière pour découvrir l'obstacle, et elle aperçut bientôt un petit paquet enveloppé dans un morceau de journal et contenant évidemment de l'argent. Elle s'arrêta et le ramassa :

— Voyez, dit-elle tristement, voilà ce que la mère apportait pour son enfant hier au soir.

Mais madame Leigh ne répondit pas. Si près de savoir si elle avait ou non retrouvé son enfant perdue, rien ne pouvait l'arrêter ; elle avançait d'un pas tremblant et le cœur troublé. Elle entra dans la chambre à coucher silencieuse et sombre. Elle ne fit aucune attention au petit cadavre, auprès duquel Suzanne s'arrêta. Mais elle alla tout droit au lit, ouvrit le rideau et vit Lisette, mais non son ancienne Lisette, gaie, fraîche, innocente. La Lisette qu'elle avait devant les yeux était vieille avant le temps, sa beauté avait disparu,

deep lines of care, and, alas! of want (or thus the mother imagined) were printed on the cheek, so round, and fair, and smooth, when last she gladdened her mother's eyes. Even in her sleep she bore the look of woe and despair which was the prevalent expression of her face by day; even in her sleep she had forgotten how to smile. But all these marks of the sin and sorrow she had passed through only made her mother love her the more. She stood looking at her with greedy eyes, which seemed as though no gazing could satisfy their longing; and at last she stooped down and kissed the pale, worn hand that lay outside the bed-clothes. No touch disturbed the sleeper; the mother need not have laid the hand so gently down upon the counterpane. There was no sign of life, save only now and then a deep sob-like sigh. Mrs. Leigh sat down beside the bed, and still holding back the curtain, looked on and on, as if she could never be satisfied.

Susan would fain have stayed by her darling one; but she had many calls upon her time and thoughts, and her will had now, as ever, to be given up to that of others. All seemed to devolve the burden of their cares on her. Her father, ill-humoured from his last night's intemperance, did not scruple to reproach her with being the cause of little Nanny's death; and when, after bearing his upbraiding meekly for some time, she could no longer restrain herself, but began to cry, he wounded her even more by his injudicious attempts at comfort;

des traces profondes de souffrance et de misère, hélas ! étaient imprimées sur les joues si rondes, si fraîches, si unies, lorsque pour la dernière fois elle avait réjoui le regard de sa mère. Jusque dans son sommeil, elle portait les marques de la douleur et du désespoir qui étaient l'expression ordinaire de son visage ; même dans son sommeil, elle ne savait plus sourire. Mais toutes les traces du péché et du chagrin qu'elle avait traversés lui attiraient d'autant plus sûrement le cœur de sa mère. Elle restait là, la contemplant d'un œil avide, comme si elle ne pouvait rassasier sa soif de la voir ; enfin, elle se pencha et baisa la main pâle et rude qui pendait sur le couvrepied. Ce mouvement ne troubla point le sommeil de Lisette, sa mère n'avait pas besoin de poser si doucement sa main sur le lit. Elle ne donnait aucun signe de vie ; seulement, de temps à autre, un profond soupir s'échappait de ses lèvres comme un sanglot. Madame Leigh s'assit près du lit, et tenant le rideau, elle regardait toujours comme si elle ne pouvait se satisfaire.

Suzanne eût bien voulu rester auprès de sa petite Nancy, mais son temps et ses pensées ne lui appartenaient pas, et, comme toujours, il fallait que sa volonté fût sacrifiée à celle des autres. Chacun semblait se décharger sur elle de son fardeau. Son père était de mauvaise humeur par suite de son intempérance de la veille, et il ne se fit pas scrupule de lui reprocher la mort de la petite Nancy ; puis, lorsqu'après avoir doucement supporté ses remarques pendant quelque temps, elle se mit à pleurer, il la blessa plus cruellement encore en essayant de la consoler

for he said it was as well the child was dead; it was none of theirs, and why should they be troubled with it? Susan wrung her hands at this, and came and stood before her father, and implored him to forbear. Then she had to take all requisite steps for the coroner's inquest; she had to arrange for the dismissal of her school; she had to summons a little neighbour, and send his willing feet on a message to William Leigh, who, she felt, ought to be informed of his mother's whereabouts, and of the whole state of affairs. She asked her messenger to tell him to come and speak to her; that his mother was at her house. She was thankful that her father sauntered out to have a gossip at the nearest coach-stand, and to relate as many of the night's adventures as he knew; for as yet he was in ignorance of the watcher and the watched, who silently passed away the hours upstairs.

At dinner-time Will came. He looked red, glad, impatient, excited. Susan stood calm and white before him, her soft, loving eyes gazing straight into his.

"Will," said she, in a low, quiet voice, "your sister is upstairs."

"My sister!" said he, as if affrighted at the idea, and losing his glad look in one of gloom. Susan saw it, and her heart sank a little, but she went on as calm to all appearance as ever.

"She was little Nanny's mother, as perhaps you know. Poor little Nanny was killed last night by a fall downstairs."

et en disant que ce n'était pas tant pis que la petite fût morte ; après tout, elle n'était pas à eux, et pourquoi en auraient-ils l'embarras ? Suzanne se tordait les mains ; elle s'approcha de son père et le conjura de se taire. Puis elle eut à s'occuper de l'enquête judiciaire ; elle eut à renvoyer ses petits écoliers ; enfin il fallut dépêcher un petit voisin de bonne volonté chez Guillaume Leigh, qui devait, pensait-elle, savoir ce qu'était devenue sa mère et être mis au courant des affaires. Elle lui faisait demander de venir lui parler parce que sa mère était chez elle. Heureusement son père sortit pour aller jusqu'à la première place de fiacres raconter tout ce qu'il savait des événements de la nuit, car Suzanne ne lui avait pas encore parlé de celle qui dormait et de celle qui veillait silencieusement dans sa chambre.

Guillaume vint à l'heure du dîner. Il était rouge, il avait l'air heureux, impatient, agité. Suzanne, calme et pâle, vint au-devant de lui, son doux et tendre regard cherchant le sien.

— Guillaume, dit-elle d'une voix basse et ferme, votre sœur est là-haut.

— Ma sœur ! dit-il, comme si cette idée l'effrayait ; et son air joyeux devint sombre. Suzanne le vit, le cœur lui manqua un peu, mais elle continua aussi calme en apparence que par le passé.

— C'était la mère de la petite Nancy, comme vous le savez peut-être. La pauvre petite Nancy s'est tuée cette nuit en tombant dans l'escalier.

All the calmness was gone; all the suppressed feeling was displayed in spite of every effort. She sat down, and hid her face from him, and cried bitterly. He forgot everything but the wish, the longing to comfort her. He put his arm round her waist, and bent over her. But all he could say, was, "Oh, Susan, how can I comfort you? Don't take on so—pray don't!" He never changed the words, but the tone varied every time he spoke. At last she seemed to regain her power over herself; and she wiped her eyes, and once more looked upon him with her own quiet, earnest, unfearing gaze.

"Your sister was near the house. She came in on hearing my words to the doctor. She is asleep now, and your mother is watching her. I wanted to tell you all myself. Would you like to see your mother?"

"No!" said he. "I would rather see none but thee. Mother told me thou knew'st all."

His eyes were downcast in their shame.

But the holy and pure did not lower or veil her eyes.

She said, "Yes, I know all—all but her sufferings. Think what they must have been!"

He made answer, low and stern, "She deserved them all; every jot."

"In the eye of God, perhaps she does. He is the Judge; we are not."

Tout le calme de Suzanne disparut, les émotions qu'elle avait réprimées se firent jour en dépit de ses efforts, elle s'assit, cacha son visage et pleura amèrement. Il oublia tout dans son désir, son besoin de la consoler. Il passa son bras autour d'elle, se pencha sur elle, mais il ne savait que dire :

— Oh ! Suzanne ! comment pourrais-je vous consoler ! Ne vous désolez pas, je vous en prie ! Ses paroles ne changeaient pas, mais l'accent variait chaque fois. Enfin, elle parut reprendre son empire sur elle-même, elle essuya ses yeux, et son regard ferme, serein, tranquille, vint retrouver celui de Guillaume.

— Votre sœur était tout près de la maison, elle s'est approchée en m'entendant parler au médecin. Elle dort maintenant et votre mère la garde. Je tenais à vous dire tout cela moi-même. Voulez-vous voir votre mère ?

— Non, dit-il, j'aime mieux vous voir seule. Ma mère m'a dit qu'elle vous avait tout raconté.

Et, dans sa honte, il baissait les yeux.

Mais Suzanne, dans sa pureté sainte, ne baissait pas les yeux.

— Oui, je sais tout, dit-elle, excepté ce qu'elle a souffert. Pensez à cela !

Il répondit à voix basse d'un ton sévère :

— Elle avait tout mérité, jusqu'au dernier iota.

— Aux yeux de Dieu, peut-être. C'est Lui qui juge, ce n'est pas nous.

"Oh!" she said, with a sudden burst, "Will Leigh! I have thought so well of you; don't go and make me think you cruel and hard. Goodness is not goodness unless there is mercy and tenderness with it. There is your mother, who has been nearly heart-broken, now full of rejoicing over her child. Think of your mother."

"I do think of her," said he. "I remember the promise I gave her last night. Thou shouldst give me time. I would do right in time. I never think it o'er in quiet. But I will do what is right and fitting, never fear. Thou hast spoken out very plain to me, and misdoubted me, Susan; I love thee so, that thy words cut me. If I did hang back a bit from making sudden promises, it was because not even for love of thee, would I say what I was not feeling; and at first I could not feel all at once as thou wouldst have me. But I'm not cruel and hard; for if I had been, I should na' have grieved as I have done."

He made as if he were going away; and indeed he did feel he would rather think it over in quiet. But Susan, grieved at her incautious words, which had all the appearance of harshness, went a step or two nearer — paused — and then, all over blushes, said in a low, soft whisper —

"Oh, Will! I beg your pardon. I am very sorry. Won't you forgive me?"

— Oh ! s'écria-t-elle avec un élan subit, Guillaume Leigh, j'avais si bonne opinion de vous, n'allez pas me faire croire que vous êtes dur et cruel. La vertu n'est pas de la vertu si elle n'est pas accompagnée de douceur et de miséricorde. Voilà votre mère qui avait presque le cœur brisé et qui se réjouit maintenant parce qu'elle a retrouvé son enfant ; pensez à votre mère.

— Je pense à elle, répondit-il. Je me souviens de la promesse que je lui ai faite hier au soir. Il faut me donner du temps ; je ferai bien avec le temps. Je n'ai pu y penser tranquillement, mais je ferai ce que je dois faire, ce qu'il faut, n'ayez pas peur. Vous m'avez parlé bien franchement, Suzanne. Vous avez douté de moi ; je vous aime tant que vos paroles me vont au cœur. Si j'avais hésité un moment avant de promettre tout d'un coup, c'est que, même par amour pour vous, je ne voulais pas dire ce que je ne sentais pas, et au premier abord je ne sentais pas tout ce que vous auriez voulu ; mais je ne suis ni dur, ni cruel ; si je l'étais, je n'aurais pas eu autant de chagrin que j'en ai eu.

Il se leva comme pour partir, et, par le fait, il sentait qu'il avait besoin de réfléchir en paix. Mais Suzanne, attristée de ses paroles imprudentes et de leur dureté apparente, fit un pas ou deux vers lui, s'arrêta, et puis rougissant violemment, elle dit doucement à demi-voix :

— Guillaume ! je vous demande pardon ; je suis bien fâchée, voulez-vous me pardonner ?

She who had always drawn back, and been so reserved, said this in the very softest manner; with eyes now uplifted beseechingly, now dropped to the ground. Her sweet confusion told more than words could do; and Will turned back, all joyous in his certainty of being beloved, and took her in his arms, and kissed her.

"My own Susan!" he said.

Meanwhile the mother watched her child in the room above.

It was late in the afternoon before she awoke, for the sleeping draught had been very powerful. The instant she awoke, her eyes were fixed on her mother's face with a gaze as unflinching as if she were fascinated. Mrs. Leigh did not turn away, nor move; for it seemed as if motion would unlock the stony command over herself which, while so perfectly still, she was enabled to preserve. But by-and-by Lizzie cried out, in a piercing voice of agony —

"Mother, don't look at me! I have been so wicked!" and instantly she hid her face, and grovelled among the bed-clothes, and lay like one dead, so motionless was she.

Mrs. Leigh knelt down by the bed, and spoke in the most soothing tones.

"Lizzie, dear, don't speak so. I'm thy mother, darling; don't be afeard of me. I never left off loving thee, Lizzie.

Elle qui s'était toujours tenue à l'écart, qui avait toujours était si réservée, elle parlait maintenant d'une voix suppliante. Ses yeux tantôt imploraient, tantôt se baissaient vers la terre. Sa douce confusion en disait plus que ses paroles. Guillaume se retourna, tout heureux de se voir sûr d'être aimé ; il la prit dans ses bras et l'embrassa :

— Ma Suzanne ! dit-il.

Cependant la mère veillait en haut sur son enfant.

Il était tard dans l'après-midi quand elle se réveilla, car le narcotique qu'elle avait pris était énergique. Dès qu'elle ouvrit les yeux, son regard se fixa sur sa mère, comme si elle eût été fascinée. Madame Leigh ne se détourna pas, ne bougea pas. Il lui semblait qu'en remuant elle détruirait son empire sur elle-même ; mais au bout d'un instant, Lisette s'écria d'une voix déchirante :

— Ma mère, mère, ne me regarde pas ! J'ai fait trop de mal.

Et cachant sa figure, elle se voilait avec les couvertures, puis elle resta sans mouvement comme si elle était morte.

Madame Leigh s'agenouilla près du lit, et dit de sa voix la plus douce :

— Lisette, mon enfant, ne dis pas cela. Je suis ta mère, ma chérie, n'aie pas peur de moi. Je t'aime toujours, Lisette.

I was always a-thinking of thee. Thy father forgave thee afore he died." (There was a little start here, but no sound was heard.) "Lizzie, lass, I'll do aught for thee; I'll live for thee; only don't be afeard of me. Whate'er thou art or hast been, we'll ne'er speak on't. We'll leave th' oud times behind us, and go back to the Upclose Farm. I but left it to find thee, my lass; and God has led me to thee. Blessed be His name. And God is good, too, Lizzie. Thou hast not forgot thy Bible, I'll be bound, for thou wert always a scholar. I'm no reader, but I learnt off them texts to comfort me a bit, and I've said them many a time a day to myself. Lizzie, lass, don't hide thy head so; it's thy mother as is speaking to thee. Thy little child clung to me only yesterday; and if it's gone to be an angel, it will speak to God for thee. Nay, don't sob a that 'as; thou shalt have it again in heaven; I know thou'lt strive to get there, for thy little Nancy's sake — and listen! I'll tell thee God's promises to them that are penitent — only doan't be afeard."

Mrs. Leigh folded her hands, and strove to speak very clearly, while she repeated every tender and merciful text she could remember. She could tell from the breathing that her daughter was listening; but she was so dizzy and sick herself when she had ended, that she could not go on speaking. It was all she could do to keep from crying aloud.

At last she heard her daughter's voice.

J'ai toujours pensé à toi. Ton père t'a pardonné avant de mourir. — Lisette tressaillit un peu, mais sans rien dire. — Lisette, mon enfant, je ferai tout pour toi, je ne vivrai que pour toi ; seulement n'aie pas peur de moi. Quoi que tu sois ou que tu aies pu être, nous n'en parlerons jamais. Nous laisserons le passé derrière nous et nous retournerons à la ferme d'Upclose. Je ne l'ai quittée que pour te chercher, mon enfant, et Dieu t'a ramenée vers moi. Que son nom soit béni ! Ce Dieu est bon aussi, Lisette. Tu n'as pas oublié ta Bible ? J'en suis sûre, tu lisais si bien. Moi, je n'y suis pas habile, mais j'ai appris des versets qui me consolaient un peu, et je me les disais bien des fois par jour. Ne te cache pas comme cela, Lisette, c'est ta mère qui te parle. Ta petite fille est venue dans mes bras hier. C'est un ange maintenant et elle parlera à Dieu pour toi. Ne sanglote pas si fort, tu la retrouveras dans le ciel, car je suis sûre que tu tâcheras d'y aller, à cause de ta petite Nancy. Écoute, je vais te dire les promesses de Dieu à ceux qui se repentent ; seulement n'aie pas peur.

Madame Leigh joignit les mains et chercha à répéter bien nettement tous les passages de miséricorde et d'amour qu'elle put se rappeler. Elle entendait bien, à la respiration oppressée de sa fille, que celle-ci écoutait ; mais elle était si agitée et si troublée qu'elle vit bien qu'elle ne pouvait plus parler. C'était tout ce qu'elle pouvait faire que de ne pas pleurer tout haut.

Enfin elle entendit la voix de sa fille.

"Where have they taken her to?" she asked.

"She is downstairs. So quiet, and peaceful, and happy she looks."

"Could she speak! Oh, if God—if I might but have heard her little voice! Mother, I used to dream of it. May I see her once again? Oh, mother, if I strive very hard and God is very merciful, and I go to heaven, I shall not know her—I shall not know my own again: she will shun me as a stranger, and chug to Susan Palmer and to you. Oh, woe! Oh, woe!" She shook with exceeding sorrow.

In her earnestness of speech she had uncovered her face, and tried to read Mrs. Leigh's thoughts through her looks. And when she saw those aged eyes brimming full of tears, and marked the quivering lips, she threw her arms round the faithful mother's neck, and wept there, as she had done in many a childish sorrow, but with a deeper, a more wretched grief.

Her mother hushed her on her breast; and lulled her as if she were a baby; and she grew still and quiet.

They sat thus for a long, long time. At last, Susan Palmer came up with some tea and bread and butter for Mrs. Leigh. She watched the mother feed her sick, unwilling child, with every fond inducement to eat which she could devise; they neither of them took notice of Susan's presence. That night they lay in each other's arms; but Susan slept on the ground beside them.

— Où l'a-t-on mise ? demanda-t-elle.

— Elle est en bas. Elle a l'air si tranquille, si heureux.

— Savait-elle parler ? Ô mon Dieu, si j'avais seulement pu entendre sa petite voix ! J'en rêvais, ma mère. Pourrai-je la revoir encore une fois ? Ô ma mère, si je me donne bien de la peine, si Dieu est très miséricordieux, et que j'aille au ciel, je ne la reconnaîtrai pas, je ne reconnaîtrai pas mon enfant, elle m'évitera comme une étrangère, elle cherchera Suzanne Palmer et toi ! oh ! quel malheur ! quel malheur !

Elle tremblait dans son extrême angoisse. Tout en parlant, elle avait découvert son visage, et elle cherchait à lire dans les yeux de madame Leigh ce qu'elle pensait. Lorsqu'elle vit ces yeux fatigués remplis de larmes, qu'elle aperçut les lèvres tremblantes, elle jeta ses bras autour du cou de sa mère, et pleura comme cela lui était arrivé souvent dans ses chagrins d'enfant ; mais cette fois, la douleur était plus amère et plus profonde.

Sa mère la serra sur son sein, la consolant comme un enfant, et elle reprit un peu de calme.

Elles restèrent ainsi de longues heures. Enfin, Suzanne Palmer monta avec une tasse de thé pour madame Leigh. Elle regarda la mère donner à manger à sa fille, qui résistait, l'encourageant par mille ruses ingénieuses. Ni l'une ni l'autre ne s'apercevaient que Suzanne fût là. Le soir, elles s'endormirent dans les bras l'une de l'autre, mais Suzanne coucha par terre, auprès d'elles.

They took the little corpse (the little unconscious sacrifice, whose early calling-home had reclaimed her poor wandering mother) to the hills, which in her lifetime she had never seen. They dared not lay her by the stern grandfather in Milne Row churchyard, but they bore her to a lone moorland graveyard, where, long ago, the Quakers used to bury their dead. They laid her there on the sunny slope, where the earliest spring flowers blow.

Will and Susan live at the Upclose Farm. Mrs. Leigh and Lizzie dwell in a cottage so secluded that, until you drop into the very hollow where it is placed, you do not see it. Tom is a schoolmaster in Rochdale, and he and Will help to support their mother. I only know that, if the cottage be hidden in a green hollow of the hills, every sound of sorrow in the whole upland is heard there—every call of suffering or of sickness for help is listened to by a sad, gentle-looking woman, who rarely smiles (and when she does her smile is more sad than other people's tears), but who comes out of her seclusion whenever there is a shadow in any household. Many hearts bless Lizzie Leigh, but she—she prays always and ever for forgiveness—such forgiveness as may enable her to see her child once more. Mrs. Leigh is quiet and happy. Lizzie is, to her eyes, something precious—as the lost piece of silver—found once more. Susan is the bright one who brings sunshine to all. Children grow around her and call her blessed. One is called Nanny;

On emmena le petit corps (sacrifice involontaire dont le rappel dans la patrie céleste avait ramené sa pauvre mère égarée), on l'emporta dans les montagnes qu'elle n'avait jamais vues de son vivant. On n'osa pas la déposer auprès de son austère grand-père, dans le cimetière de Milnerow, mais on l'ensevelit dans un cimetière isolé, au sein des bruyères, là où les quakers déposaient autrefois leurs morts. On l'enterra sur le penchant éclairé par le soleil, où s'épanouissent les premières fleurs du printemps.

Guillaume et Suzanne habitent la ferme d'Upclose. Madame Leigh et Lisette vivent dans une petite chaumière cachée dans un pli de terrain. Thomas est maître d'école à Rochdale, et il aide Guillaume à soutenir leur mère. Tout ce que je sais, c'est que, si la chaumière est cachée dans une vallée verdoyante, le moindre signe de douleur sur la montagne s'y fait entendre ; à ces appels de la souffrance ou de la maladie répond une femme triste et douce, qui sourit rarement, et dont les sourires sont plus tristes que ses larmes ; elle sort de sa retraite lorsqu'un nuage pèse sur une autre demeure. Bien des cœurs bénissent Lisette Leigh ; mais elle… elle implore toujours son pardon… le pardon qui lui permettra de revoir son enfant. Madame Leigh est paisible et heureuse. Lisette est précieuse à ses yeux comme la pièce d'argent perdue et retrouvée. Suzanne répand la joie et le soleil autour d'elle. Ses enfants se lèvent et la disent bienheureuse. L'une d'elles s'appelle Nancy.

her Lizzie often takes to the sunny graveyard in the uplands, and while the little creature gathers the daisies, and makes chains, Lizzie sits by a little grave and weeps bitterly.

The End

Lisette l'amène souvent jusqu'au cimetière de la montagne, et là, pendant que l'enfant fait des guirlandes de marguerites, Lisette s'assied près d'un petit tombeau et pleure amèrement.

DANS LA MÊME ÉDITION BILINGUE + AUDIO INTÉGRÉ :

- AGNES GREY (Anne Brontë) — *anglais-français*
- WUTHERING HEIGHTS (Emily Brontë) — *anglais-français*
- LE NOMMÉ JEUDI (G. K. Chesterton) — *anglais-français*
- MA VIE D'ESCLAVE AMÉRICAIN (Frederick Douglass) — *anglais-français*
- MA VIE, MON ŒUVRE (Henry Ford) — *anglais-français*
- LA FILLE DE RAPPACCINI (Nathaniel Hawthorne) — *anglais-français*
- LE LIVRE DES MERVEILLES (Nathaniel Hawthorne) — *anglais-français*
- LE TOUR D'ÉCROU (Henry James) — *anglais-français*
- LES PAPIERS D'ASPERN (Henry James) — *anglais-français*
- RASSELAS, PRINCE D'ABYSSINIE (Samuel Johnson) — *anglais-français*
- LE LIVRE DE LA JUNGLE (Rudyard Kipling) — *anglais-français*
- JOHN BARLEYCORN (Jack London) — *anglais-français*
- LES VAGABONDS DU RAIL (Jack London) — *anglais-français*
- L'ASSERVISSEMENT DES FEMMES (John Stuart Mill) — *anglais-français*
- LE VAMPIRE (John Polidori, Lord Byron) — *anglais-français*
- WALDEN, OU LA VIE DANS LES BOIS (Thoreau) — *anglais-français*
- LA DÉSOBÉISSANCE CIVILE (Thoreau) — *anglais-français*
- ROMÉO ET JULIETTE (William Shakespeare) — *anglais-français*
- HAMLET (William Shakespeare) — *anglais-français*
- OTHELLO (William Shakespeare) — *anglais-français*
- OLALLA (R. L. Stevenson) — *anglais-français*

- L'ÎLE AU TRÉSOR (R. L. Stevenson) *anglais-français*
- L'ÉTRANGE CAS DE DR JEKYLL ET M. HYDE (Stevenson) *anglais-français*
- LA MACHINE À EXPLORER LE TEMPS (H. G. Wells) *anglais-français*
- LE PORTRAIT DE DORIAN GRAY (Oscar Wilde) *anglais-français*
- LE FANTÔME DE CANTERVILLE (Oscar Wilde) *anglais-français*
- SALOMÉ (Oscar Wilde) *anglais-français*
- CONTES CHOISIS (Frères Grimm) *allemand-français*
- LE JOUEUR D'ÉCHECS (Stefan Zweig) *allemand-français*
- LE BOUQUINISTE MENDEL (Stefan Zweig) *allemand-français*
- LES CAHIERS DE MALTE LAURIDS BRIGGE (R.M. Rilke) *allemand-français*
- LES SOUFFRANCES DU JEUNE WERTHER (J.W. Goethe) *allemand-français*
- CONTES (H.C. Andersen) *danois-français*
- CORNÉLIA (Cervantès) *espagnol-français*
- RINCONÈTE ET CORTADILLO (Cervantès) *espagnol-français*
- ALICE AU PAYS DES MERVEILLES (Lewis Carroll) *espéranto-français*
- LA SAGA DE NJAL (Anonyme) *islandais-français*
- LES AVENTURES DE PINOCCHIO (Carlo Collodi) *italien-français*
- LE PRINCE (Nicolas Machiavel) *italien-français*
- MAX HAVELAAR (Multatuli) *néerlandais-français*
- LE PETIT JOHANNES (Frederik van Eeden) *néerlandais-français*
- UNE MAISON DE POUPÉE (Henrik Ibsen) *norvégien-français*
- ANIELKA (Bolesław Prus) *polonais-français*
- BARTEK VAINQUEUR (Henryk Sienkiewicz) *polonais-français*
- MÉMOIRES POSTHUMES DE BRÁS CUBAS (M. de Assis) *portugais-français*
- NIETOTCHKA NEZVANOVA (Fiodor Dostoïevski) *russe-français*
- LE NEZ (Nicolas Gogol) *russe-français*
- LE PORTRAIT (Nicolas Gogol) *russe-français*
- TARASS BOULBA (Nicolas Gogol) *russe-français*
- LA MÈRE (Maxime Gorki) *russe-français*
- LA DAME DE PIQUE (Alexandre Pouchkine) *russe-français*
- LA FILLE DU CAPITAINE (Alexandre Pouchkine) *russe-français*
- LA SONATE À KREUTZER (Léon Tolstoï) *russe-français*
- ROUDINE (Ivan Tourgueniev) *russe-français*
- NOUS AUTRES (Ievgueni Zamiatine) *russe-français*

*Impression CreateSpace
à Charleston SC, en septembre 2018.*

Imprimé aux États-Unis.

Illustration musicale dans la lecture audio française :
Ludwig van Beethoven,
Sonate N°14 pour piano « Clair de Lune » (1er, 2è et 3è mouvement)
interprétée par Bernd Krueger.

En couverture :
Charles Courtney Curran,
« The Mountain side seat » (1917)
Vose Galleries, Boston, (Massachusetts, États-Unis).

Découvrez l'ensemble de nos ouvrages
sur notre site :

www.laccolade-editions.com

www.ingramcontent.com/pod-product-compliance
Lightning Source LLC
Chambersburg PA
CBHW031649040426
42453CB00006B/254